Gunnar Cramer · Dag Furuholmen

# Ich coache mich selbst!

Das Erfolgstraining gegen Stress,
Angst und andere Belastungen

Der Ratgeber
für ein selbstbewussteres Leben

2., aktualisierte Auflage

humboldt

**Bibliografische Information der Deutschen Nationalbibliothek**
Die Deutsche Nationalbibliothek verzeichnet diese Publikation in der Deutschen Nationalbibliografie; detaillierte bibliografische Daten sind im Internet über http://dnb.ddb.de abrufbar.

ISBN 978-3-86910-477-5

Dieses Buch gibt es auch als E-Book:
ISBN PDF 978-3-86910-999-2
ISBN EPUB 978-3-86910-933-6

Die Autoren: Die Ärzte und Psychiater Gunnar Cramer und Dag Furuholmen trainieren seit 1984 erfolgreich Menschen für anspruchsvolle Situationen in Alltag und Beruf. Ihr psychologisches Training hat in den USA und Norwegen bereits vielen zu einem glücklichen Leben verholfen. Mit diesem Buch zeigen sie, dass es mit den richtigen Übungen möglich ist, aus negativen Verhaltensmustern herauszufinden.

2., aktualisierte Auflage


Eine Marke der Schlüterschen Verlagsgesellschaft mbH & Co. KG,
Hans-Böckler-Allee 7, 30173 Hannover
www.schluetersche.de
www.humboldt.de

Die Übersetzung dieses Werkes wurde von der Stiftung NORLA (Norwegian Literature Abroad) finanziell unterstützt.



| | |
|---|---|
| Lektorat: | Dagmar Fernholz, Köln |
| Übersetzung und redaktionelle Bearbeitung: | Kai-Axel Aanderud, Hamburg |
| Überarbeitung: | Angelika Lenz, Steinheim an der Murr |
| Covergestaltung: | DSP Zeitgeist GmbH, Ettlingen |
| Illustrationen: | Werner Pollak, Hannover |
| Innengestaltung: | akuSatz Andrea Kunkel, Stuttgart |
| Satz: | PER Medien+Marketing GmbH, Braunschweig |
| Druck: | Grafisches Centrum Cuno GmbH & Co. KG, Calbe |

Hergestellt in Deutschland.
Gedruckt auf Papier aus nachhaltiger Forstwirtschaft.

# Inhalt

## Kapitel 5
## Raus aus den festgefahrenen Verhaltensweisen!

# Vorwort

„Es wäre toll, wenn ich einen persönlichen Trainer hätte, der mir hilft, zufriedener, selbstbewusster und erfolgreicher zu werden!" Haben Sie das auch schon einmal gedacht? Aber warum wollen Sie einem fremden Trainer vertrauen? Sie selbst kennen sich doch am besten! Coachen Sie sich selbst, denn Selbstcoaching – also das Training mit und an sich selbst – ist eine sehr erfolgreiche Methode, um die eigenen Ziele zu erreichen.

Wer ein Ziel mit dem Willen zum Erfolg in Angriff nimmt, ist auf dem richtigen Weg und schafft es, sich über seine Wünsche, Werte, Entwicklungsmöglichkeiten und Fähigkeiten, aber auch über seine alltäglichen Probleme – wie Kommunikationsprobleme, depressive Verstimmungen oder Unzufriedenheit – klar zu werden. Wir haben für diese Art des Selbstcoachings in Norwegen den Begriff „Psychologisches Training" eingeführt und die Methode in über 20-jähriger Praxis in psychologischen Trainingsseminaren, in Gruppen- und Einzeltherapien weiterentwickelt. Psychologisches Training deshalb, weil der Trainingsaspekt sowohl den psychischen (also die Seele betreffenden) als auch den physischen (körperlichen) Bereich gleichermaßen betrifft. Wollen Sie zum Beispiel Grenzen setzen und Nein sagen können, so müssen Sie diese Fertigkeiten ebenso wie Radfahren, Boxen oder Rudern schrittweise trainieren. Außerdem müssen Sie erkannt haben, dass diese Fertigkeiten wichtig für Sie sind.

Unsere Persönlichkeit muss genauso regelmäßig trainiert werden wie unser Körper, damit sie ihre Kraft, Flexibilität und Kondition nicht verliert. Wir müssen uns neuen Herausforderungen stellen, uns in ungewohnten Situationen und Milieus bewegen, neue Verhaltensweisen und Strategien ausprobieren – auch wenn wir bereits erwachsen sind und eine (Über-)Lebensform gefunden haben, die weitgehend funktioniert.
Mit diesem Buch möchten wir Ihnen, die Sie mit normalen Alltags- und Lebensproblemen zu kämpfen haben, Hoffnung machen. Wir möchten Ihnen Anleitungen und Modelle an die Hand geben, mit deren Hilfe Sie sich so weit selbst coachen können, damit Sie Ihre Probleme in Eigeninitiative lösen können. Damit Sie als Folge (wieder) selbstbewusster und zufriedener werden, ehe die Probleme und deren Symptome besorgniserregend werden und Sie womöglich krank machen.
Dieses Buch ist kein Fachbuch, sondern vielmehr als Hilfe zur Selbsthilfe konzipiert. Es soll Ihnen dabei helfen, vom Gefühl „Ich muss unbedingt etwas tun/ändern“ zum zielgerichteten Handeln zu gelangen. Zugleich hoffen wir, dass Ihnen dieses Buch als Nachschlagewerk nützlich ist, das Sie immer dann zur Hand nehmen können, wenn Ihre Probleme erneut auftreten.

# Danksagung

Wir möchten denen danken, die uns auf diesem langen Schaffensprozess unterstützt haben. Großer Dank gebührt unseren Lebenspartnerinnen Liv Evjan und Victoria Cramer sowie unseren Kindern, die sich unsere vielfältigen Gedanken zum Buch ebenfalls angehört haben. Und nicht zuletzt danken wir all unseren Klienten und Kursteilnehmern, die uns eine beständige Inspirationsquelle zu neuen Erfahrungen gewesen sind.

**Dag Furuholmen und Gunnar Cramer**

# Die Autoren

Gunnar Cramer ist Arzt und seit 1984 praktizierender Psychiater. Nach dem Studium der Medizin in Antwerpen und Oslo spezialisierte er sich auf Psychiatrie. Cramer zählt zu den ersten Gruppenanalytikern in Norwegen, 1989 schloss er eine fünfjährige entsprechende Zusatzausbildung ab; bis 2001 forschte er überdies auf dem Gebiet der psychodynamischen Psychotherapie in Norwegen und den USA. Von dort brachte er die Funktionelle Psychotherapie mit nach Norwegen. Gemeinsam mit dem Psychologen Ole J. Falch gründete er 1980 das Institut für Funktionelle Psychotherapie in Oslo.

Dag Furuholmen ist Arzt und Psychiater. Er studierte Medizin in Wien und Oslo, spezialisierte sich auf Psychiatrie und arbeitet seit 1974 in der Gruppentherapie sowie mit körperorientierten, psychodynamischen und kognitiv orientierten Methoden. 1980 gehörte er zu den Gründern einer Spezialeinrichtung für Suchtkranke in Oslo, der er bis 1987 als Ärztlicher Direktor vorstand. 1987 schloss er sich Gunnar Cramers Institut für Funktionelle Psychotherapie an.

Gemeinsam entwickelten Cramer und Furuholmen das „Psychologische Training" und veranstalten seit 1984 Seminare sowohl zur Vorbeugung als auch zur Gruppen-, Einzel- und Familientherapie. In ihrem 1988 gegründeten Betriebspsychologischen Beratungsdienst betreuen sie überdies Führungskräfte aus der Wirtschaft.

# Einführung

Fühlen Sie sich auch oft gestresst, ausgepowert, von allen missverstanden, haben Sie diffuse Beschwerden, trauen Sie sich nichts mehr zu und fühlen sich manchmal deprimiert? Sie möchten dieses Unbehagen, diese Situation ändern, wissen nur nicht, wie? Werden Sie Ihr eigener Coach! An sich selbst zu arbeiten ist gar nicht so schwer – Sie benötigen nur ein wenig Motivation und Durchhaltevermögen.
Selbstcoaching gibt Ihnen die Freiheit zu Weiterentwicklung und Veränderung, es steht für Ihre Selbstbestimmung über Ihr Leben. Deshalb gilt: Werden Sie Ihr eigener psychologischer Trainer. Trotz alter Gewohnheiten, alter erlernter Wahrheiten und Ängste in Bezug darauf, was passieren könnte, haben Sie so die Möglichkeit, neue Fähigkeiten für ein selbstbewussteres Leben immer wieder zu trainieren, bis Ihnen diese in Fleisch und Blut übergegangen sind.

**Werden Sie Ihr persönlicher Coach, trainieren Sie sich selbst!**

Das Ziel des Selbstcoachings ist es, Lebensqualität und Wohlbefinden zu verbessern. Auf längere Sicht verhilft Ihnen dieses Selbsttraining zu gesteigertem Selbstbewusstsein und der Erfahrung, dass Sie Ihren Alltag meistern können. Es wird Ihnen ein besseres Selbstbild vermitteln, Sie werden sich weniger selbst verurteilen und vielmehr lernen, sich selbst zu akzeptieren. Durch ein verändertes Handeln bewirken Sie Änderungen in Ihrem Leben. Wichtig ist hierbei, dass Sie aktiv handeln und neue Fähigkeiten erlernen.

Wir selbst wissen genau, was wir tun müssten, damit es uns besser geht, aber wir tun es nicht. (Selbst-)Motivation und bewusstes Training sind notwendig, um etwas zu verändern. Indem Sie sich dessen bewusst sind, können Sie dazu beitragen, psychische Probleme und Erkrankungen zu vermeiden, die aufgrund eines falschen Lebensstils auftreten. Derartige „Erkrankungen" können Angst, Depression und innere Unruhe verschiedenster Art sein. Viele entwickeln körperliche Leiden wie Kopfschmerz, Rückenschmerz, Schulter- und Nackenschmerz, andere psychosomatische Leiden wie Hauterkrankungen und Verdauungsstörungen, und bei wieder anderen werden die Atemwege anfällig für Infektionen.

**Selbstcoaching hilft Ihnen, den Alltag besser zu meistern.**

Ebenso kann die Sucht nach Essen, Sex, Arbeit, Alkohol und Tabletten ihre Wurzeln in einer falschen Auslegung von Gefühlen und Bedürfnissen haben. Oft werden Worte wie Unruhe, Stress, Rastlosigkeit und Einsamkeit benutzt, um diesen Zustand zu beschreiben. Um diese Unruhe und diesen unangenehmen Zustand zu beseitigen, greifen einige zu betäubenden Mitteln. Es kommt aber darauf an, der Ursache dieser Unruhe nachzuspüren. Dann können Sie leichter Ihre Bedürfnisse identifizieren. Diese Klarheit können Sie nutzen, um entsprechend Ihren Bedürfnissen und Gefühlen zu handeln. Das wird Ihnen zu dem Wohlbefinden und der Befriedigung verhelfen, die Sie brauchen.

Das bedeutet nicht, dass alle psychischen Beschwerden oder psychiatrischen Erkrankungen auf einen falschen

Lebensstil zurückzuführen sind. Einige schwerere Symptome wie Schizophrenie, bipolare Erkrankungen und verschiedene Persönlichkeitsstörungen lassen sich nicht mithilfe von psychologischem Training und Selbstcoaching behandeln.

**Selbstcoaching – ich nehme mein Leben in die Hand!**

Das Buch eignet sich für all diejenigen, die bereit sind, Einsatz zu zeigen, um die Kontrolle zurückzugewinnen und auf lange Sicht zufriedener und selbstbewusster zu werden.

## Wie Sie mit diesem Buch arbeiten

Am besten nutzen Sie dieses Buch, indem Sie das Gelesene auf sich und Ihren Alltag übertragen. Wenn Sie beim Lesen beginnen, kleine, aber neue Herausforderungen anzunehmen, sind Sie schon mitten im Selbstcoaching.

Im **1. Kapitel** stellen wir Ihnen die Grundlagen des Selbstcoachings vor: Was kann ich? Was will ich? Wie erreiche ich das?

Im **2. Kapitel** erfahren Sie, wie Selbstcoaching Ihnen in Ihrem Alltag helfen kann, wieder ins Gleichgewicht zu kommen. Bereits an dieser Stelle haben wir einige Trainingsübungen eingefügt, die Ihnen helfen sollen, Ihren Alltag besser zu meistern.

Im **3. Kapitel** konzentrieren wir uns auf die „Schlüssel“, die Ihnen helfen, Ihren Alltag bestmöglich zu bewältigen, sodass ein Gleichgewicht zwischen Ihrem Inneren und Ihrem Äußeren entsteht. Beherrschen Sie diese Schlüssel und können Sie diese praktisch anwenden, haben Sie bereits einen bedeutenden Schritt in Ihrem Trainingsprogramm geschafft.

Im **4. Kapitel** beleuchten wir den „inneren Schweinehund“ in uns etwas näher. Gäbe es diesen Widerstand in uns nicht, täten wir all das, was gut für uns ist. Doch er begegnet uns in allen Bereichen. Denken Sie nur an die Vorsätze, Sport zu treiben oder mit dem Rauchen aufzuhören. Genauso verhält es sich auch mit dem Selbstcoaching. Es gibt ständig einen Widerstand in uns, und den gilt es zu besiegen.

Das **5. Kapitel** ist ein reines Übungskapitel. Hier finden Sie einen Fragenkatalog, in dem Sie festhalten können, was in Ihnen Unbehagen auslöst. Wie fühlt sich dieser Zustand an? In welchen Situationen empfinden Sie dieses Unbehagen? Was denken Sie über sich selbst, was denken Sie über andere? Wie reagieren Sie normalerweise, und zu welchem Ergebnis führt diese Reaktion?

Viel Erfolg wünschen Ihnen
Gunnar Cramer und Dag Furuholmen

# Kapitel 1 Grundlagen des Selbstcoachings

## Was kennzeichnet das Selbstcoaching?

### Der Trainingsaspekt

Selbstcoaching ist eine lösungsorientierte, praktische Arbeitsmethode, bei der das Besondere der Trainingsaspekt selbst ist. Viele Probleme sind das Resultat mangelnder Flexibilität und festgefahrener Verhaltensweisen. Dies wiederum führt zu einem Lebensstil, der langfristig Probleme schafft. Bei den meisten Menschen aber lassen sich diese Probleme wegtrainieren. Oft vermitteln bereits kleine Veränderungen ein neues Gefühl von Hoffnung und Freiheit. Dabei bedeuten Veränderungen nicht notwendigerweise große Revolutionen und Persönlichkeitsveränderungen – oft sind es wirklich die kleinen Schritte, die uns voranbringen.

Wie bei anderen Trainingsprogrammen auch ist ein aktiver persönlicher Einsatz nötig, um eine Weiterentwicklung zu erreichen. Sie müssen sich ein konkretes Ziel setzen, um sich in die richtige Richtung bewegen zu können. Nutzen Sie Ihren Willen, um ausdauernd und zielorientiert zu sein, und trainieren Sie hart, um eine Veränderung herbeizuführen.

**Setzen Sie sich ein konkretes Ziel, das Sie erreichen wollen.**

## Von Schwäche zu Stärke

Ihre Schwächen – wenn Sie etwa nicht Nein sagen können oder aufbrausend sind – sind keine Gebrechen, sondern Bereiche, in denen Sie durch Übung neue Fähigkeiten entwickeln können. Mit anderen Worten: Mit Ihnen ist nicht etwas nicht in Ordnung, sondern Sie haben die Chance, zusätzlich zu dem, was Sie bereits können, etwas Neues zu erlernen. Vielleicht sind Sie gut darin, verantwortlich, streng und präzise zu sein, aber weniger gut darin, sich

ungezwungen zu verhalten und verantwortungslos zu handeln. Die Faustregel hierzu lautet, dass wir Fähigkeiten in eine bestimmte Richtung entwickeln und als Gegenstück dazu weniger entwickelte Fähigkeiten finden.
Ihr „psychologischer Körper" ist auf der einen Seite gut entwickelt. Um aber ins Gleichgewicht zu kommen und flexibler zu werden, müssen Sie auch die andere Seite ausbauen. Das bedeutet nicht, etwas von dem wegzunehmen, was man gut kann. In bestimmten Situationen kann es nützlich sein, schwach, rüpelhaft, streitbar, nörglerisch, ausweichend oder verantwortungslos zu sein. Wenn dies aber das Einzige ist, was Sie können, sind Ihre Fähigkeiten nicht im Gleichgewicht. Um sie in eine Balance zu bringen, müssen Sie trainieren. Wenn Sie beispielsweise nur verantwortungslos, aber nicht verantwortlich handeln können, kann dies (negative) Konsequenzen haben.

**Um Stärken zu trainieren, müssen Sie auch Schwächen entwickeln.**

*Ein junger Mann, der kürzlich Vater geworden war, hatte große Probleme damit, sich erwachsen und verantwortlich in seiner neuen Rolle zu verhalten. Er wich der Verantwortung am Arbeitsplatz aus, hatte keinen regelmäßigen Tagesrhythmus, überließ seiner Partnerin die Betreuung des Kindes, kleidete sich wie ein 15-Jähriger und lehnte sich gegen alle Einschränkungen und Autoritäten auf. Interessanterweise war eine seiner unangenehmsten Aufgaben im Rahmen unseres Seminars, sich die Haare schneiden zu lassen und einen Anzug zu kau-*

*fen. Das waren für ihn Symbole für das Erwachsensein. Trotzdem erschien er am letzten Kurstag frisch vom Friseur und im Anzug – prompt erhielt er positives Feedback von den übrigen Teilnehmern. Mit der Zeit verstand er, dass es darum ging, sich selbst ernst zu nehmen, sich zu trauen, die Rolle als Vater und erwachsener Mann einzunehmen, selbst Autorität zu besitzen und aufzuhören, die eigene abweisende Haltung gegenüber Partnerin und Autoritäten sein Leben steuern zu lassen.*

## Das Training findet im Jetzt statt

Wir wollen die Vergangenheit nicht als ein Mittel zur Problemlösung nutzen, indem Sie diese aufs Neue durchleben und durchleiden müssen. Die Vergangenheit ist vergangen. Aber wir sind interessiert an den Fähigkeiten, die Sie in der Vergangenheit erlernt haben. Daher ist es wichtig, Ihre Geschichte zu kennen, damit Sie sich Ihrer alten Verhaltensweisen bewusst werden können.

Oft sind diese Verhaltensweisen jedoch automatisiert und können Probleme schaffen. Deshalb ist das Bewusstmachen alter Muster ein wichtiger Teil der Arbeit. Es ist wie beim Sport und Training: Man muss erst verstehen, wie man eine Übung oder eine Bewegung macht, bevor man eine neue Version einstudiert. Auf die gleiche Art und Weise muss man sich darüber klar werden, wie man selbst mit anderen zusammenarbeitet, um für sich neue Arten der Interaktion zu erlernen. Diese Klarheit ist notwendig, um zielgerichtet handeln zu können.

## Von der Erkenntnis zur Handlung

Die Gefühle und Bedürfnisse, die wir in der Zeit unseres Heranwachsens unterdrücken, bleiben oft ein ausgegrenzter Bereich. Für uns als Erwachsene ist es wichtig, wieder Kontakt mit diesen Gefühlen und Bedürfnissen aufzunehmen. Hatten Sie beispielsweise Probleme damit, Nähe zu suchen, weil Sie oft abgewiesen wurden, ist es wahrscheinlich, dass Sie sich auch als Erwachsener so verhalten, dass keine wirkliche Nähe zustande kommt. Sie sind einsam und traurig, ohne zu verstehen, dass Sie Ihre Probleme aufrechterhalten, indem Sie keine Möglichkeit für Nähe schaffen. Ein Schritt im Selbstcoaching ist es, Klarheit darüber zu erlangen, was man braucht und fühlt. Hat man diese Klarheit und Erkenntnis erreicht, ist ein Verhaltenstraining nötig, um ein positives Ergebnis zu erreichen. Sie müssen üben, sich mitzuteilen und sich auf eine Art und Weise zu verhalten, die andere verstehen und mit der Ihre Bedürfnisse befriedigt werden.

## Die psychologischen Muskeln trainieren

Es gibt bei dem Selbstcoaching, also dem Persönlichkeitstraining, viele Parallelen zum körperlichen Training. Einzelne Muskelgruppen sind bei Ihnen vielleicht stark ausgebildet, da Sie diese ständig trainiert haben, während andere noch nicht ausgebildet sind und weiteres systematisches Training benötigen. Das Gleiche gilt für psycholo-

gische „Muskeln“, für Ihre Persönlichkeit und Ihr Selbst. Sie haben vielleicht einige psychologische Fähigkeiten sehr gut entwickelt, andere dagegen noch nicht.
Sind Sie in schlechter körperlicher Verfassung, werden Sie das daran erkennen, dass Ihnen die „Puste ausgeht“ und Sie beim Treppensteigen mehrfach stehen bleiben müssen. Sie bekommen Rücken- und Armschmerzen, wenn Sie Dinge heben. Für die meisten ist das ein Zeichen dafür, dass sie körperlich trainieren müssen. Auch wenn es ein Kraftakt für Sie ist, sich zu aktivieren, wissen Sie, dass Sie sich mit der Zeit gut fühlen werden und Ihr Wohlbefinden und Ihre Kraft gesteigert werden. Ihr Rücken wird gestärkt und Ihre Atmung besser und bald sind Sie Ihre Wehwehchen los.
Genauso verhält es sich, wenn Sie in schlechter psychologischer Verfassung sind. Ihre Stimmung sinkt, Sie sind weniger belastbar und bekommen mit der Zeit Probleme. Sie empfinden einen ständigen Zeitmangel, geraten oft in Streit oder sind viel zu passiv und antriebslos. Ständig taucht der Gedanke auf, nicht gut genug zu sein, und Sie fühlen sich gestresst und niedergeschlagen. Was tun mit dieser Situation? Beim körperlichen Training wissen Sie mit Sicherheit, was zu tun wäre. Um psychologisch zu trainieren, müssen Sie genauso konkret sein und sich die Zeit nehmen, die Sie dafür brauchen.

**Für einen dauerhaften Erfolg müssen Sie genau wie beim Sport üben.**

## Trainingsmuskelkater

Muskelkater kennen Sie aus dem Sport, und wenn Sie ihn hinterher in den Gliedmaßen spüren, wissen Sie, dass Sie sich gesteigert haben. Auch beim Training Ihrer Persönlichkeit können Sie eine Art Muskelkater empfinden, ein inneres Unbehagen und eine innere Unruhe. Oft tauchen beim Selbstcoaching negative Gedanken in Form eines schlechten Gewissens auf oder Sie haben das Gefühl, sich blamiert zu haben, oder Sie machen sich Sorgen darüber, was andere von Ihnen denken. Wenn Sie normalerweise nett und rücksichtsvoll sind und dann Nein sagen und Grenzen setzen, müssen Sie es ertragen, wenn Sie ein wenig Muskelkater bekommen. Sie fühlen sich womöglich „böse".

**Psychologischer Muskelkater kann sich als schlechtes Gewissen äußern.**

## Nach ersten Erfolgen die Trainingsintensität steigern

Ausdauer trainieren, Muskeln aufbauen – das kennen Sie. Aber sich selbst, Ihre Psyche trainieren? Das soll klappen? Zunächst einmal wird es Ihnen komisch vorkommen, psychologisch, das heißt sich selbst zu trainieren. Aber denken Sie daran: Sie selbst kennen sich immer noch am besten. Selbstcoaching kann Ihnen helfen, erfolgreich Ihre Ziele zu erreichen. Allerdings müssen Sie sich realistische Ziele setzen. Fragen Sie sich selbst: „Wie soll ich mit dem Training beginnen?", „Was will ich erreichen?", „Was ist ein angemessener Fortschritt für mich?"

Fortschritt ist wichtig für alle Arten von Training. Zunächst müssen Sie mit einer angemessen niedrigen Trainingsbelastung beginnen und diese nach und nach steigern, wenn Sie stärker, sicherer und tüchtiger in einer Fähigkeit geworden sind. Man kann dies damit vergleichen, dass man eine Treppe mit angemessen hohen Stufen konstruiert, von denen jede Stufe ein Teilziel darstellt. Wo, glauben Sie, ist es am leichtesten, das Training zu starten? Möchten Sie damit beginnen, am Arbeitsplatz zu üben, mit einem engen Freund oder zu Hause gemeinsam mit Ihrer Partnerin beziehungsweise Ihrem Partner? Bei welchen Personen ist die Wahrscheinlichkeit am größten, dass Sie Erfolg haben, auch wenn Sie noch nicht so geübt sind? Denken Sie an die Parallelen zum körperlichen Training.

**Dokumentieren Sie Ihre Fortschritte und Erfolge.**

Im Trainingsverlauf müssen Sie abschätzen, ob Trainingsweise und Intensität realistisch sind und Ihnen ein Gefühl von Fortschritt vermitteln. Stecken Sie die Ziele zu hoch, wird das gesamte Projekt nur zu Frustration führen statt zu einem Erlebnis von Fortschritt und Entwicklung. Wir empfehlen Ihnen, ein eigenes Trainingstagebuch zu führen. Was konkret haben Sie in der vergangenen Woche oder im vergangenen Monat gemacht? Gab es Fortschritte, oder haben Sie die Übungen vernachlässigt? Sind Sie so weit gekommen, dass Sie die Trainingsintensität steigern können, um weitere Fortschritte zu machen? Üben Sie im Kontext neuer Situationen, neuer Personen oder in neuen

Lebensbereichen. Ziel des Trainings ist es, zufriedener und flexibler zu werden – und nicht etwa ein tüchtiger Sportabhängiger.

## Mentale Vorbereitung

Ebenso wie Ihr körperlicher Zustand Ihre psychische Leistungsfähigkeit beeinflusst, ist es auch andersherum. Sportler nutzen mentales Training, um bessere Leistungen zu erzielen. Sie nehmen beispielsweise die Fantasie zur Hilfe, um sich selbst perfekte Bewegungen machen und Leistungen vollbringen zu sehen, und sie arbeiten mit Selbstvertrauen und Entspannung. Auch beim Selbstcoaching kann es hilfreich sein, sich vorzustellen, wie man gerne handeln möchte, oder man kann sich mithilfe von Notizen und Üben vor dem Spiegel vorbereiten.

## Lernen an Vorbildern

Ein wichtiges Hilfsmittel beim Training sind Vorbilder: Wie machen andere etwas? Wie können Sie was von ihnen lernen? Es gibt immer jemanden in Ihrer Nähe, der kann, was Sie gerne lernen möchten. Kinder zeigen dieses Verhalten ganz instinktiv. Sie schauen, was andere Kinder tun, beobachten Mutter und Vater oder Geschwister und ahmen nach, was sie sehen. Viele Erwachsene glauben, sie seien so geboren oder es sei ihre Persönlichkeit, die man nicht ändern könne. Sie haben Vorstellungen wie: „Das bin nicht ich. Ich

**Schauen Sie Verhaltensweisen ruhig bei anderen Personen ab.**

tue jetzt so, als sei ich jemand anders, als ich in Wirklichkeit bin." Sie sagen vielleicht wie die meisten: „Ich bin nicht so, das wäre absolut gekünstelt, das passt nicht zu mir."

Kinder sind da anders, sie sind auf natürliche Weise flexibel. Sie experimentieren mit verschiedenen Verhaltensweisen und lernen von vielen verschiedenen Vorbildern und Rollen. Das sollten Sie auch tun.

## Wie kann Selbstcoaching helfen?

### Kontakte knüpfen und halten

Weite Bereiche unserer Psyche, unsere Reaktionen und unser Verhalten bauen auf der Kontaktfähigkeit auf.

Früher war man auf Säuglingsstationen der Meinung, es kämen jene Kinder am besten durch, deren Betten in der Nähe der Krankenschwestern stehen. Tatsächlich bekamen die Kinder, die am weitesten entfernt lagen, häufiger psychische Probleme, sie wurden öfter krank und hatten eine höhere Sterblichkeit. Kinder, denen diese Kontaktfähigkeit fehlt, die Fähigkeit, sich fallen zu lassen und anderen zu vertrauen, sind früh in ihrer Kontaktfähigkeit geschädigt worden.

**Kontaktmangel ist ein zentrales Thema, das viele mit sich herumtragen.**

Wie ist es mit Ihnen als Erwachsenem? Haben Sie genügend Kontakt? Sind Sie zufrieden mit der Qualität Ihres Kontakts zu Ihrem Partner, zu Ihren Kindern und Freunden? Hätten Sie gerne mehr Freunde oder einen besseren Kontakt zu den Freunden, die Sie haben? Wünschen Sie sich vielleicht einen Partner? Haben Sie Lust, daran zu arbeiten, das Verhältnis zu Ihren Arbeitskollegen zu verbessern?

Eines der generellen Ziele unserer Arbeit ist das Training ungenutzter Kontaktressourcen, das heißt die Pflege und Intensivierung alter Kontakte und der Aufbau neuer Kontakte. Um Kontakte zu knüpfen und um vom Gegenüber verstanden zu werden, müssen Sie Ihre Gefühle, Bedürfnisse und Gedanken mitteilen. Das tun Sie mithilfe von Sprache und Tonfall, durch Mimik, Körpersprache und Handlungen, die den Schlüssel zu Ihrer Kontaktfähigkeit darstellen und die es Ihnen erleichtern, eine Verbindung herzustellen. Sie können Ihre Kontaktfähigkeit verbessern, indem Sie neue konkrete Verhaltens- und Ausdrucksweisen trainieren. Das verleiht Zufriedenheit und psychisches Wohlbefinden. Wenn wir von Verhaltenstraining sprechen, heißt das nicht, dass diese neuen Verhaltensweisen trainiert werden müssen, um dadurch Akzeptanz oder nette Rückmeldungen von der Umgebung zu erhalten. Neue Verhaltensweisen sind etwas, was Sie üben können, weil Sie auf diese Weise etwas über Ihr Inneres ausdrücken können. Sehnen Sie sich nach Kontakt, müssen Sie lernen, sich „persönlicher“ mitzuteilen. Anders als wenn Sie sich zurückziehen und isolieren, haben Sie so die Möglichkeit, dieses wichtige Bedürfnis zu erfüllen.

**Wenn Sie sich nach Kontakt sehnen, müssen Sie sich mitteilen können.**

Viele von uns glauben, guter Kontakt bedeute, dass man einander ohne Worte versteht. Betrachtet man dies genauer, so zeigt sich, dass wir eine Menge Signale bewusst oder unbewusst senden. Wir alle versuchen, die Blicke anderer zu deuten, doch gibt es dabei viel Raum für Missverständnisse. Wir kennen Ehepaare, die auch nach jahrelangem Zusammenleben nicht in der Lage waren, einander ihre Gefühle und Wünsche zu vermitteln.

*Eine erwachsene Frau war wütend auf ihren Ehemann, weil dieser nach 20 Jahren des Zusammenlebens noch immer nicht wusste, was sie brauchte. Wir baten sie, genauer zu beschreiben, was sie meinte, denn keiner in der Gruppe kannte sie länger als einige Stunden, und wir konnten daher unmöglich wissen, welche Wünsche sie hatte. Sie saß lange schweigend und mit einem merkwürdigen Gesichtsausdruck da, bevor sie endlich antwortete: „Ich weiß es nicht! Ich weiß tatsächlich nicht, was ich brauche."*

## Harmonie zwischen Innen und Außen schaffen

Wenn Sie Bauchgrimmen haben, aber nach außen ein Lächeln aufsetzen, wie sollen andere Ihr Unwohlsein dann bemerken? Sie fühlen sich vermutlich unwohl mit der Spannung, die zwischen Ihrem Inneren und Ihrem Äußeren entsteht. Die, mit denen Sie Kontakt wünschen, verstehen nicht, wie es Ihnen geht. Mit dieser „sozialen" Maske oder Fassade

**Sie stellen Kontakt her, indem Sie zeigen, was in Ihrem Inneren vor sich geht.**

laufen viele den ganzen Tag herum. Die Befürchtung, durchschaut zu werden oder das Gesicht zu verlieren, macht ihnen Sorgen. Doch wenn Sie Teile von sich verstecken und nur die Fassade mit anderen in Kontakt kommt, werden Sie sich einsam fühlen. Deshalb ist es wichtig, dass Sie die Mitteilung eigener Gefühle und Bedürfnisse üben, sodass auch andere Ihrer inneren Seiten zum Ausdruck kommen. Erst dann werden Sie sich sicher fühlen.

## Die persönliche Verantwortung übernehmen

Wir alle haben die Tendenz, die Verantwortung für unseren Zustand und unser Glück auf andere abzuwälzen. „Wärst du nur ein wenig netter, aufmerksamer, ein besserer Zuhörer, spannender oder verantwortungsbewusster, so ginge es mir gut. Also ist es deine Schuld, dass es mir nicht gut geht. Ich lege mein Leben in deine Hände und erwarte, dass du dich veränderst, damit ich zufrieden bin. Ich bin von dir abhängig und bis auf Weiteres zu einem hilflosen Opfer geworden." Als Kind waren Sie von Ihren Erziehungsberechtigten abhängig. Aber schließlich übernehmen Sie selbst die Verantwortung für Ihr Leben, ob Sie es wollen oder nicht. Sie sind verantwortlich für Ihre Reaktionen, Entscheidungen und Handlungen und dafür, wie Sie wirken. Diese Tatsache spiegelt sich auch in der Sprache wider. Das englische Wort responsibility setzt sich zusammen aus ability (Fähigkeit) und response (Reaktion). Verantwortung heißt also, dass wir die Fähigkeit haben zu reagieren, unsere Wünsche zu äußern, unsere Meinung zu sagen, deutlich Ja oder Nein zu sagen.

**Am Ende sind immer Sie es, der die Verantwortung trägt.**

## Offen und direkt kommunizieren

Durch persönliche und verantwortliche Kommunikation können Sie Kontakt herstellen. Was bedeutet das in der Praxis? Es bedeutet, in der Ichform zu sprechen, anstatt „man, jemand oder einige von uns" zu sagen. Es bedeutet, einen klaren Absender zu haben und für die eigene Botschaft verantwortlich zu sein. Sie brauchen auch eine klare Adresse: Ich spreche mit dir. In Kombination mit deutlichem Blickkontakt und einem zur Botschaft passenden Tonfall wird diese beim Empfänger als offen und ehrlich wahrgenommen.

**Durch direkte Kommunikation sind Sie für Ihre Botschaft verantwortlich.**

Das Maß an Offenheit oder Verheimlichung ist in allen Zusammenhängen wesentlich für die Atmosphäre, auch in Beruf und Familie. Gesunde Organisationen zeichnen sich durch eine hohe Toleranz und einen offenen Umgang mit Meinungsverschiedenheiten aus; Geheimhaltung und Beschränkungen in Bezug auf das, was man laut sagen darf, führen dagegen zu Verunsicherung und Misstrauen.

Viele erzählen, dass sogenannte Tabuthemen während des Heranwachsens bei ihnen ein extremes Gefühl von Unsicherheit hervorgerufen haben. Der Versuch, Alkoholmissbrauch vor der Umwelt zu verheimlichen, ist ein immer wiederkehrendes Thema: Wahre die Fassade! Es ist deine Aufgabe, die Familie nach außen hin heil dastehen zu lassen! Beschwere dich bei niemandem! Kinder, die sich nicht trauen, Freunde nach Hause einzuladen, kompensieren das in der Schule mit Fleiß, Höflichkeit oder Coolness. Als Erwachsene leiden sie unter Schamgefühl und der Angst aufzufliegen.

**Offenheit schafft Sicherheit.**

Sicherheit ist ein wichtiges Thema und eine Voraussetzung für Wohlbefinden. Indem Sie persönlich die Verantwortung übernehmen und nach außen hin zeigen, was in Ihnen vorgeht, werden Sie sich mit der Zeit sicherer fühlen. Mit anderen Worten: Sie selbst sind es, der die Verantwortung dafür trägt, ein Gefühl von Selbstsicherheit zu entwickeln. Begegnet Ihnen jemand trotzdem auf eine Art und Weise, die Sie nicht angenehm finden, ist es auch hier Ihre Verantwortung zu entscheiden, ob Sie bleiben oder gehen wollen.

## Handeln Sie anders, dann verändern Sie etwas

Viele sind der felsenfesten Überzeugung, dass schon alles gut geht, wenn man nur reflektiert genug ist. Oft fragen wir die Teilnehmer unserer Therapiegruppen: „Wissen Sie, was Sie tun müssten, damit es Ihnen besser geht?" Fast alle beantworten dies mit Ja – aber warum verhalten sie sich dann nicht anders? Nach unserer Erfahrung erreicht man keine wirkliche Veränderung, wenn man nicht zuvor die Fertigkeiten dafür trainiert hat. Wenn wir zum ersten Mal etwas Neues tun oder sagen, empfinden wir dies als unangenehm oder vielleicht als unheimlich. Zwischen dem Andersdenken, dem Sich-etwas-anderes-Wünschen und der tatsächlichen Handlung steht eine Barriere aus Gedanken, Bedenken und Befürchtungen.

*Alte Verhaltensmuster sind so automatisiert, dass wir unbewusst so handeln, wie wir es gewohnt sind. Arne, eine Führungskraft aus dem mittleren Management, hatte ein Problem damit, Nein zu sagen, speziell einem dominierenden Kollegen gegenüber. Wir fanden eine Person in der Trainingsgruppe, die diesem Kollegen ähnelte, und ließen Arne das Neinsagen trainieren. Sein Sparringpartner kam polternd mit einem Stapel Papier herein, und bevor Arne verstand, was er tat, hatte er seine Arme ausgestreckt, um den Stapel entgegenzunehmen, während er gleichzeitig verzweifelt versuchte, den Kopf zu schütteln. Nach vielen Versuchen fand er endlich eine Methode, die funktionierte. Er ging zu einem Regal, kehrte seinem Kollegen den Rücken zu und blätterte in einigen Papieren, während er sagte: „Kommen Sie herein!" Indem er dem Kollegen den Rücken zuwandte und nur einen flüchtigen Blick in dessen Richtung warf, schaffte er es – zur großen Begeisterung der Gruppe –, die Aufgabe abzulehnen.*

## Zufriedenheit schaffen durch neues Verhalten

Viele Menschen haben Probleme damit, in der Öffentlichkeit zu sprechen. Sie selbst erklären sich das allerdings nicht damit, dass sie untrainiert sind, sondern dass sie schon so geboren wurden. Entsprechend denken manche, dass sie nie eine gute körperliche Verfassung erreichen werden, das sei schlicht unmöglich. Hier werden ihnen allerdings die meisten widersprechen: „Alle können doch durch Training fit werden, auch wenn sie vielleicht kein Wettbewerbsniveau erreichen!"

Möglicherweise sind Sie zunächst unsicher oder haben eine zitternde Stimme, und es kann gut sein, dass Sie sich unbeholfen fühlen und Angst haben, sich zu blamieren. Es ist wichtig zu verstehen, dass es sich hierbei um ganz normale Reaktionen handelt, die die meisten Menschen erleben, solange es ihnen noch an Übung fehlt.

Die Persönlichkeit kann „erstarren“, man fühlt sich unflexibel und „funktioniert“ nicht mehr. Ihre alten Verhaltensweisen funktionieren nicht, weder in Ihrem neuen Job noch in Ihrer Ehe oder in der neuen Beziehung? Es ist schwierig oder sogar unmöglich, Ihre Bedürfnisse zu befriedigen, oder Sie geraten ständig in Konfliktsituationen? Dann müssen Sie ein neues Verhalten erlernen, um auf Dauer mit sich und Ihrem Leben zufrieden zu sein. Um es positiv auszudrücken: Wenn Sie sich unbehaglich fühlen und trotzdem etwas verändern, sind Sie vermutlich auf dem richtigen Weg, und das Training wird bald einen Effekt haben. Jetzt gilt es nur, am Ball zu bleiben, dann werden Sie sich mit der Zeit immer besser fühlen.

**Es ist wichtig, sich selbst immer wieder herauszufordern.**

## Wann brauchen Sie Selbstcoaching?

Wenn die Kommunikation zusammenbricht oder wir Schwierigkeiten haben uns mitzuteilen, kann es sinnvoll sein, neue Fähigkeiten zu erlernen und an sich selbst zu arbeiten.

### Sie halten an alten Verhaltensweisen fest

Sie wiederholen ständig Haltungen und Verhaltensmuster, die Sie als Erwachsenen nicht zufriedenstellen? Sie sind permanent unzufrieden, erschöpft, einsam oder frustriert? Dann wird es Zeit, an sich selbst zu arbeiten!

## Sie geraten ständig unter Zeitdruck

Eine Aussage wie „Ich habe nie Zeit, alle erwarten so viel von mir, ich kann einfach nicht Nein sagen, ich schaffe es nicht, andere zu enttäuschen, es ist eine einzige Schufterei!" ist ein Zeichen dafür, dass Sie lernen müssen, Grenzen zu setzen. Sie müssen lernen, Nein zu sagen, und sich damit den Freiraum schaffen, um Ja zu den Dingen sagen zu können, durch die Sie Energie tanken – zusammen mit anderen Menschen, aber auch allein.

## Es kommt häufig zu Konflikten und Streit

Falls Sie oft mit Ihrem Partner oder Ihren Freunden streiten und sich dann zurückziehen und aufgewühlt sind, ist das ein Zeichen dafür, dass Sie Ihre Kontakt- und Kommunikationsfähigkeiten trainieren müssen.

## Sie sind häufig gestresst

Sind Sie die meiste Zeit gestresst, kann das ein Zeichen dafür sein, dass Sie lernen müssen, Grenzen zu setzen und angenehme Situationen zu erleben, in denen Sie neue Energie tanken können. Dann sollten Sie versuchen, sich darüber klar zu werden, was in Ihnen vorgeht. Stress ist ein schwammiger Begriff und kann mehr Verwirrung stiften als Klarheit darüber schaffen, was Sie brauchen.

## Sie entwickeln störende Symptome

Störende Symptome wie Unruhe, Stress, Angst, körperliches Unbehagen, Angespanntheit, Niedergeschlagenheit,

Depression, Erschöpfung oder Schmerzen sind oft ein Zeichen dafür, dass das, was in Ihrem Inneren passiert, nicht mit dem übereinstimmt, was Sie nach außen zeigen. Möglicherweise unterdrücken Sie Bedürfnisse, möglicherweise zeigen Sie zu wenig Gefühle, um eine Fassade aufrechtzuerhalten, oder Sie verhalten sich derart ruhig und passiv, dass Sie in eine Depression geraten.

## Die vier Phasen des Selbstcoachings

Wie sieht nun Selbstcoaching in der Praxis aus? Hierzu ein Beispiel mit einem alltäglichen Problem, das Sie bestimmt kennen. Um das Problem zu erkennen und zu lösen, bedarf es des Selbstcoachings, das sich in vier Phasen gliedert:

**Erst muss man das Problem erkennen, dann kann man es lösen.**

**Phase 1:** *Das ist kein Thema für mich ... Ich habe kein Problem.*
**Phase 2:** *Ich weiß, was ich brauche, aber ich kann es nicht ... Ich habe ein Problem.*
**Phase 3:** *Ich fühle mich unbeholfen und dumm, aber ich löse das Problem.*
**Phase 4:** *Endlich ein Erfolgserlebnis, jetzt schaffe ich es ... Das Problem ist gelöst!*

Nehmen wir als Beispiel die Situation, wie Sie als Kind das Radfahren lernen.

**Phase 1:** *Sie können nicht Rad fahren, haben nicht den Wunsch, Rad fahren zu können, und empfinden dies nicht als Problem.*

Mit dem Älterwerden werden Sie, wie alle anderen, durch Ihre Umwelt beeinflusst. „Alle" können Rad fahren und haben ein Fahrrad zum Geburtstag bekommen. Das Radfahren wird plötzlich zur wichtigsten Sache der Welt, aber Sie können es nicht und haben ein Problem.

***Phase 2:*** *Sie haben ein Bedürfnis, aber nicht die Fähigkeiten, dieses zu stillen, und haben folglich ein Problem.*

Dieses Unbehagen ist unser Motivator, es folgt die Erkenntnis: „Dieses Problem kann ich lösen, indem ich mir das Fahrradfahren beibringe! Mama und Papa müssen mir dabei helfen. Ich muss rausgehen und das Radfahren üben."
Sie stellen sich vielleicht vor, dass Sie sich blamieren, sich dumm anstellen oder es nicht schaffen. Vielleicht haben Sie Angst, hinzufallen und sich zu verletzen. Schon zu diesem Zeitpunkt haben einige so viele negative Vorstellungen, was alles passieren könnte, dass der erste Versuch zur Qual wird. Nicht ohne Grund wird das erste Mal – beinahe unabhängig davon, was es zu meistern gilt – als ein magischer, konfliktgeladener Augenblick beschrieben, sei es nun beim Radfahren oder in der Zusammenarbeit mit anderen.
Aber ungeachtet dessen beginnen Sie zu üben! Wie die meisten Kinder sind Sie motiviert und voller Unternehmungsgeist. Sie lassen sich nicht durch die negativen Gedanken behindern, und selbst wenn Sie fallen und sich verletzen, schwingen Sie sich dennoch wieder auf Ihr Fahrrad.

***Phase 3:*** *Sie fühlen sich unbeholfen, aber sind froh und erleichtert über das, was Sie schaffen. Die Fähigkeiten sitzen noch nicht hundertprozentig, aber Sie haben das Problem fast gelöst.*

Sie stehen wieder auf und sind geknickt. Sie erinnern sich sicherlich, dass Sie eine Phase überwinden mussten, in der Sie unbeholfen waren, in der es schwierig war, in einer Steigung zu starten, in der Sie überlegen mussten, wo die Bremse ist, in der es schwierig war, die Balance zu halten und sich an all das gleichzeitig zu erinnern. Es ist eine sensible Phase: „Was ist, wenn ich es nie schaffe?“ Da ist es leicht, aufzugeben und den negativen Gedanken das Ruder zu überlassen. Aber wie die meisten Kinder meistern Sie das Lernpensum immer besser und können mit der Zeit Ihr Bedürfnis nach dem Radfahren stillen, wenn Sie Lust dazu haben.

**Zweifel sind anfangs ganz natürlich beim Selbstcoaching.**

***Phase 4:*** *Sie haben das Problem gelöst. Sie können Fahrrad fahren, wenn Sie Lust dazu haben. Sie haben eine neue Fähigkeit erlernt.*

Sie sind einer der kleinen Helden, die das Fahrradfahren erlernt haben, und sehr stolz darauf! Bestimmt erinnern Sie sich heute noch gut an das Glücksgefühl, das Radfahren zu beherrschen, an das Gefühl von Geschwindigkeit und Bewegungsfreiheit. Das ist die Belohnung dafür, dass Sie mithilfe des Trainings allen Schwierigkeiten getrotzt haben. Die äußerliche Fähigkeit hat Ihr inneres Bedürfnis gestillt, und das Radfahren wurde zu einem natürlichen Teil Ihres Repertoires, beinahe genauso natürlich wie das Essen.

## Das Training psychologischer Fähigkeiten

Diejenigen, die sich trotz normaler Voraussetzungen schwertun, das Radfahren zu erlernen, haben eine Menge negativer Vorstellungen. Es sind mit anderen Worten Ihre Gedanken und Ihre negativen Erwartungen und Bedenken, die das größte Hindernis beim Erlernen neuer Dinge darstellen. Hier lässt sich eine Parallele zu den Problemen und dem Widerstand ziehen, den Sie beim Erlernen einer neuen, eher sozialen Fähigkeit erleben werden.

Ebenso wie Ihnen das Gehen, Fahrradfahren, Schwimmen und Skifahren zur Selbstverständlichkeit geworden sind, so haben Sie sich im Laufe Ihres Lebens auch eine Reihe psychologischer Fähigkeiten angeeignet, die Sie beherrschen. Diese Tatsache stärkt bei den meisten, die unter Unwohlsein und psychischen Symptomen leiden, die Motivation, Veränderungen anzugehen. Wenn Sie Ihre Situation verbessern möchten, müssen Sie neue Verhaltensweisen trainieren. Es ist an der Zeit, dass Sie an sich selbst arbeiten! Trotz des unbehaglichen Gefühls müssen Sie sich gedanklich auf das Fahrrad zurückversetzen, auf dem Sie als Kind gesessen haben. Diesmal sollen Sie psychologische Fähigkeiten er-

**Gedanken und negative Erwartungen behindern uns beim Erlernen neuer Dinge.**

lernen, doch die Aneignung neuer Fähigkeiten verläuft in denselben vier Phasen wie das Erlernen des Radfahrens.

*Wir haben lange Zeit Ärztekollegen mit einem beginnenden Burn-out-Syndrom, also dem Gefühl, erschöpft und ausgebrannt zu sein, behandelt. Ein sehr sympathischer Kollege hatte große Schwierigkeiten, auf sich und seine Zeit Acht zu geben, aber er war Weltklasse darin, sich um andere zu kümmern. Er war „vielleicht etwas erschöpft", berichtete er, aber es war ihm nicht bewusst, dass er sich selbst viel schlechter behandelte als alle anderen. Nach einer Weile erkannte er, was er tat, und er erzählte folgende Geschichte: Eines Morgens wurde er auf dem Weg zur Arbeit auf dem Zebrastreifen angefahren und brach ohnmächtig zusammen. Als er langsam wieder zu sich kam, hörte er eine Frau (diejenige, die ihn angefahren hatte) verzweifelt schreien: „Oh Gott, ist hier denn nirgendwo ein Arzt? Ich brauche einen Arzt!" Und obwohl er sich nur unter Schmerzen bewegen konnte, streckte er eine Hand in die Höhe und rief: „Ja, hier, ich bin Arzt!" Es dauerte tatsächlich eine Weile, bis er verstand, dass er es war, der Hilfe brauchte.*

Genau wie im Beispiel mit dem Radfahren können wir beim psychologischen Fähigkeitstraining vier Phasen identifizieren. Benutzen wir das Beispiel unseres hilfsbereiten Kollegen: Er wuchs in einer friedlichen, christlichen Familie auf. Bei ihm zu Hause gab es wenig Krach und Streit, und es war wichtig, ein lieber und guter Mensch zu sein. Er wurde lieb, tüchtig, ein guter Helfer, und alles lief gut, sowohl in seiner Jugend als auch in seiner eigenen Familie.

*Er war in Phase 1 und hatte keine Probleme.* Aber mit fordernden und streitsüchtigen Patienten hatte er Schwierigkeiten. Er konnte nicht Nein sagen und saß bis weit in den Abend hinein in seinem Büro und befasste sich mit Konsultationen, ärztlichen Gutachten und traurigen Schicksalen. Er war nicht in der Lage, seine Kollegen um Hilfe zu bitten, sondern glaubte, alles selbst machen zu müssen. Das beeinträchtigte seine Gesundheit und sein Wohlbefinden, und schließlich merkte er, dass es so nicht weiterging. Er erkannte, dass er etwas verändern musste. *Er war in Phase 2 angelangt, er hatte ein Problem bekommen.*
Bei unserem netten Kollegen war es so weit gekommen, dass er Symptome entwickelte. Er war erschöpft, angespannt und hatte Schlafstörungen. Wir ließen ihn zehn unterschiedliche Varianten aufschreiben, mit denen er die Forderungen seiner Patienten abweisen sollte. Nach kleinen Korrekturen und etwas Training fand er fünf „Lieblingsabweisungen", die alle höflich, freundlich, aber bestimmt waren. Diese musste er zunächst auf einem Zettel neben dem Telefon liegen haben, um die Aufgabe zu bewältigen. *Er befand sich in Phase 3, er war unbeholfen und fühlte sich unsicher.* Aber obwohl er oft dachte, dass er „böse" war und ein schlechtes Gewissen haben müsste („Muskelkater"), war gleichzeitig die Erleichterung so groß, dass er das Training fortsetzte. Diese Phase ist besonders wichtig. Es ist typisch, dass man mutig und zufrieden ist, froh darüber, etwas Neues zu tun oder zu sagen, und gleichzeitig „Muskelkater" bekommt. Heute hat der Kollege keine Probleme mehr

PROBLEM!

HANDLUNG!

LÖSUNG!

damit, seinen Patienten Grenzen zu setzen. Er ist ruhig und hat Selbstvertrauen entwickelt. *Er hat Phase 4 erreicht und das Problem gelöst.*

### Handeln, handeln, handeln!

Der erste Schritt zur Veränderung ist die veränderte Handlung. Es nützt nichts, nur darüber nachzudenken. Nur durch Verhaltensänderungen können Sie reale Veränderungen bewirken. In allen unseren Gruppen wissen die meisten Teilnehmer, was sie verändern müssten, um zufriedener zu sein. Etwas Neues zu tun, erleben jedoch viele wie einen Sprung von einer steilen Klippe. Die Magie und die Spannung beim ersten Schritt bewirken oft unangenehme Gefühle: Sie sind aufgewühlt, ängstlich und fühlen sich böse, dumm oder unzulänglich. Sie bekommen Herzklopfen, Schweißausbrüche, Ihre Stimme versagt – das kann tatsächlich bedeuten, dass Sie auf dem richtigen Weg sind! Genau dieses Gefühl müssen Sie anstreben, wenn Sie psychologisch trainieren.

**Es ist mühsam, aber kleine Veränderungen werden Ihnen ein gutes Gefühl geben.**

# Kapitel 2
# Selbstcoaching im Alltag

## Wie teilen Sie Ihren Alltag ein?

### Einleitung

Sie haben nun einiges über Selbstcoaching sowie psychologisches Training und dessen Inhalte gelesen. Ein Großteil dieses Trainings findet im Alltag statt. Wir haben es auf die gängigsten Lebensbereiche verteilt: Arbeit, Pflichten, Partnerschaft, Freundschaft, Hobbys, Gesundheit, Ruhe und Besinnung sowie Sexualität. Die Zeit, in der Sie schlafen, haben wir nicht mitgerechnet. In der Praxis sprechen wir von rund 17 Stunden, die Ihnen täglich zur Verfügung stehen. In den verschiedenen Bereichen haben wir unterschiedliche Wünsche, Bedürfnisse, Gelüste und Gefühle. Verbringen Sie viel Zeit in einem der Bereiche, ohne sich dessen bewusst zu sein, ist wenig oder keine Zeit für die anderen übrig. Die viel zitierte Zeitnot ist ein typisches Beispiel dafür. Alle wollen etwas von Ihnen, doch was bleibt für Sie übrig? Deshalb wollen wir, dass Sie sich im Klaren über Ihre Zeiteinteilung und über die von Ihnen getroffenen Entscheidungen sind. Um zu veranschaulichen, wie viel Zeit Sie in die verschiedenen Lebensbereiche investieren, benutzen wir eine Figur, die wir „Gummimännchen“ nennen.

**Wenn Sie viel Zeit in einen Bereich investieren, bleibt keine für die anderen.**

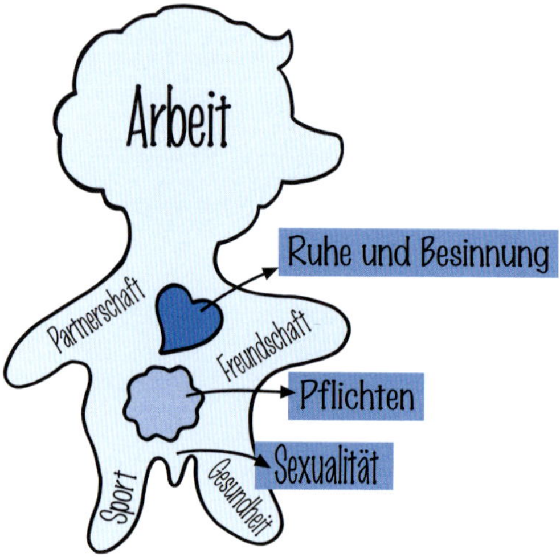


Dieses Gummimännchen (siehe Abbildung oben) ist ein Werkzeug, mit dem Sie sich bewusst machen können, welche Prioritäten Sie in Ihren verschiedenen Lebensbereichen setzen. Malen Sie Ihr persönliches Gummimännchen auf ein Blatt Papier: Die Größe des Kopfes zeigt, welchen Zeitanteil Ihre Berufstätigkeit einnimmt, die Größe des linken Armes zeigt, wie viel Zeit Sie für Ihre Freunde haben, die Größe des rechten Armes führt Ihnen vor Augen, wie viel Zeit Sie Ihrem Partner widmen. Die Größe des linken Beins illustriert die Zeit, die Sie sich für Ihre Gesundheit nehmen, die Größe des rechten Beins zeigt Ihnen, was an Zeit für Sport und Hobbys bleibt. Die Größe des Herzens steht für die Zeit, die Sie sich für Ruhe und Besinnung gönnen, der Bauchbereich dafür, wie wichtig Ihnen Pflichten sind,

und der Bereich zwischen den Beinen Ihres Gummimännchens – oder Ihrer Gummifrau – zeigt Ihnen, welchen Stellenwert Sexualität in Ihrem Leben hat.
Nun sehen Sie deutlich, welche Körperteile und welche Zeitanteile groß und welche klein sind. Aber trösten Sie sich: Es gibt kein richtiges oder falsches Gummimännchen; auch wenn Ihre Figur merkwürdig aussehen sollte, so ist das völlig in Ordnung. Zeichnen Sie zusätzlich ein Gummimännchen für Ihre Wochenenden, also für die Zeit, in der Sie nicht arbeiten, dann erhalten Sie eine andere Variante. Es macht auch keinen Sinn, etwas zu ändern, wenn Sie mit Ihrer gegenwärtigen Zeiteinteilung zufrieden sind. Ziel ist es, dass Sie Ihr Leben so gestalten, dass es Ihnen gut geht.

## Grundlegende Bedürfnisse

Wenn Sie nicht genug Zeit haben, können Sie auch nicht das befriedigen, was wir grundlegende Bedürfnisse nennen. Es ist wichtig, dass Sie genügend Sicherheit, Zugehörigkeit, Intimität, Sexualität, Zärtlichkeit, Fürsorge, Nähe und generell tiefen Kontakt haben.
Grundsätzlich kann man sagen, dass Arbeit und Pflicht zwei Bereiche sind, die sich von den übrigen Lebensbereichen unterscheiden. Mit Arbeit und Pflicht befriedigen Sie primär die Bedürfnisse Ihres Arbeitgebers oder eines Kunden. Es sind nicht unbedingt Ihre Bedürfnisse, die Sie damit stillen. Große Bereiche Ihres Gummimännchens werden auf diese beiden Bereiche entfallen, und viele sind deshalb ständig in Zeitnot. Diese ist ein Resul-

tat Ihrer Erwartungen an sich selbst und stimmt im Übrigen mit den Erwartungen überein, die die Gesellschaft an Sie hat. „Man sollte in jeder Hinsicht perfekt sein, hübsch, tüchtig, eine gute Mutter oder ein guter Vater, sportlich, viele Freunde haben, sozial sein, Yoga machen und sich um die Eltern kümmern." Diese Liste ließe sich ins Unendliche fortsetzen, und es ist alles andere als leicht, diese vielfältigen Erwartungen zu erfüllen. Viele empfinden dies als aussichtslos und schwierig, werden müde und fühlen sich ausgebrannt. Deshalb ist ein ausgewogenes Verhältnis zwischen Pflichten, Arbeit und den anderen Bereichen so überaus wichtig.

Vernachlässigen Sie Ihre grundlegenden Bedürfnisse, werden Sie allmählich ein freudloses Dasein führen und möglicherweise mit der Zeit Krankheitssymptome entwickeln. Offener, enger Kontakt macht viele verletzlich und ist daher schwierig. Wie ist es bei Ihnen? Werden Ihre grundlegenden Bedürfnisse in der Beziehung zu Ihrem Partner erfüllt? Haben Sie das Gefühl, von Ihrem Partner und Ihren Freunden gesehen und gehört zu werden?

Der amerikanische Psychiater Abraham Maslow (1908–1970) entwickelte eine Bedürfnishierarchie in Form einer Pyramide: Das Fundament bilden die notwendigsten und grundlegendsten Bedürfnisse, die man zum Überleben befriedigen muss. Dazu gehören die körperlichen Bedürfnisse wie Luft, Flüssigkeit, Nahrung, Wärme und Bewegung. Wir tun alles dafür, um diese zufriedenzustellen, und unser Körper liefert uns klare Signale, sobald etwas nicht in Ordnung ist.

Darüber stehen in einer zweiten Ebene der Bedürfnispyramide von Maslow die Sicherheitsbedürfnisse. Ist alles um mich herum ruhig und sicher? Gibt es etwas, wovor ich Angst haben müsste? Ist diese Ebene befriedigt, kommt auf der nächsten Ebene der soziale Kontakt. Diese Ebene beinhaltet physischen Kontakt in Form von Hautkontakt und psychologischen Kontakt in Form von Blicken, Lächeln, Mimik und Nähe. Die nächste Ebene ist das Bedürfnis nach Anerkennung, wie Sie von anderen wertgeschätzt werden und andere schätzen möchten. Schließlich kommt das Selbstverwirklichungsbedürfnis, es geht also darum, sich selbst weiterzuentwickeln und Projekte ins Leben zu rufen, die zu realisieren Sie nicht für möglich gehalten hätten. Maslow war der Meinung, dass all diese grundlegenden Bedürfnisse befriedigt werden müssten, um ein glückliches und zufriedenes Leben zu führen. Erst wenn die Bedürfnisse auf den unteren Ebenen befriedigt sind, können Sie sich innerhalb der Pyramide weiter nach oben entwickeln. Dennoch werden Sie einige „Löcher" auf den einzelnen Ebenen haben und sich hinauf- und hinabbewegen, um diese zu befriedigen. In der Praxis haben viele ihren Fokus auf den höheren Ebenen, auch wenn die darunterliegenden nicht befriedigt wurden. Dann jedoch fallen Sie auf eine der unteren Ebenen zurück. Stellen Sie sich eine Scheidungssituation vor. Plötzlich sind Sie allein, und Sie müssen von vorn beginnen, um den Kontakt aufzubauen, den

**Sobald Bedürfnisse befriedigt sind, geht die Motivation zur Veränderung verloren.**

Sie brauchen. Sobald Sie die meisten Bedürfnisse auf einer Ebene befriedigt haben und zufrieden sind, geht die Motivation zur Veränderung verloren. Erst wenn Sie Unwohlsein empfinden, müssen Sie erneut nachspüren, was Sie brauchen. Daher sind psychologisches Unbehagen und körperliche Symptome oft ein erstes Signal und ein wichtiger Motivator für Veränderung und Training.

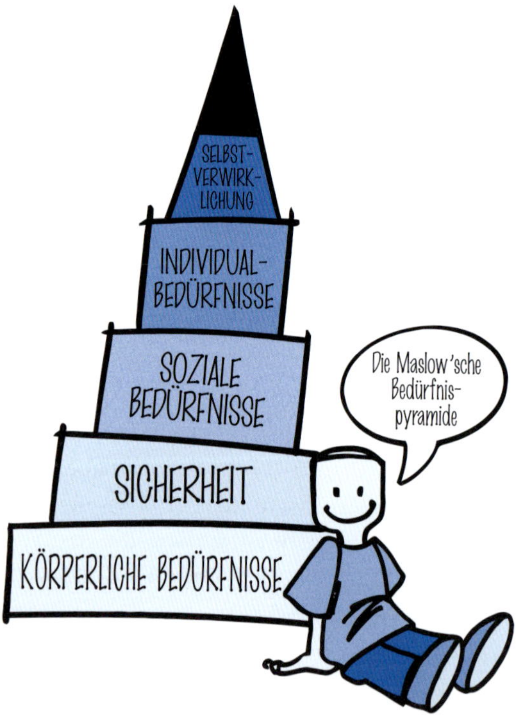

## Wie erreichen Sie ein Gleichgewicht zwischen den Lebensbereichen?

Damit Sie sich gut fühlen und Ihre grundlegenden Bedürfnisse befriedigt werden, muss Ihre Zeit im Verlauf eines Wochentages im Gleichgewicht sein. Leben Sie in einem ständigen Ungleichgewicht, zerstört dies Ihr Wohlbefinden. Sie erstarren in einem Verhaltensmuster. Wenn Sie sich in dieser Beschreibung wiedererkennen, ist es wichtig, ein Trainingsprogramm zu erstellen, um dieses Gleichgewicht wiederherzustellen. Hilfreich sind hierbei die Fähigkeiten, flexibel zu sein, Grenzen zu setzen, Gleichwertigkeit zu trainieren und in jedem Bereich eine „Heimspielsituation" zu etablieren.

**Ein Ungleichgewicht zwischen den Lebensbereichen stört das Wohlbefinden.**

### Flexibilität

Der Begriff Flexibilität sagt etwas aus über Ihre Fähigkeit, Situationen, Veränderungen und Belastungen zu meistern. Manchmal kann es richtig sein, „Ja" zu sagen, ein anderes Mal „Nein" oder „Vielleicht". Die Freiheit, in der Situation wählen zu können, was Sie brauchen, und danach zu handeln, ist ein Zeichen von Flexibilität und Geschmeidigkeit.

*Elin hatte die Angewohnheit, immer und in vielen Situationen ihre Meinung sagen zu müssen, wenn sie das Gefühl hatte, das sei richtig. Speziell in ihrem Job war das der Fall. Eines Tages wurde es schwierig, denn ihre Freundin war bereits mehrfach damit konfrontiert worden, dass sie nicht pünktlich zur Arbeit erschienen war. Elin hatte das Gefühl, sie müsse ihre Freundin verteidigen, obwohl sie eigentlich die Meinung des Chefs teilte, und schrie in der Besprechung Zeter und Mordio. Das führte dazu, dass man ihr vorwarf, immer in Opposition zu den Autoritäten zu gehen und Ärger zu verursachen. Dies hatte sich mehrmals wiederholt. Sie entschuldigte sich und erklärte, sie sei immer so gewesen, auch wenn sie in diesem Fall hundertprozentig mit ihrem Chef übereinstimme. Sie wusste genau, woher sie dieses Verhalten hatte (vom Vater), aber konnte es nicht unterbinden. In einigen Situationen konnte das eine Stärke sein, in dieser Situation aber war sie vollkommen unflexibel und einem Reflex ausgeliefert. Dadurch geriet sie ständig in Streitsituationen, die sie nicht nötig hatte, und fühlte sich dumm und kindisch. Um die Situation an ihrem Arbeitsplatz für sich selbst angenehmer und besser zu gestalten, musste sie üben, ihre Oppositionsfähigkeit im richtigen Kontext einzusetzen. Es dauerte lange, doch schließlich schaffte sie es. Sie erhöhte damit ihre Flexibilität im Job, statt immer in Opposition gehen zu müssen.*

## Grenzen setzen

Es kann schnell passieren, dass wir aus dem Gleichgewicht geraten, wenn wir zu viel Zeit auf einen Bereich verwenden. Die Fähigkeit, Grenzen zu setzen, ist überaus wichtig, wenn es darum geht, Ihre Beziehung zu Ihrer Umgebung zu regeln. Nehmen Sie zu viel Rücksicht auf die Erwartungen anderer, führt das nicht zum Erfolg. Sie verlieren Ihre eigene Selbstständigkeit und Wahlfreiheit. Die Zeit rast Ihnen davon, und Sie schaffen es nicht, Ja zu dem zu sagen, was Sie sich selbst wünschen.

*Fredrik war ein anständiger, sympathischer Kerl, der abends gern mit seinen Freunden ausging. Für seine Freundin war das in Ordnung, aber sie mochte es nicht, wenn er spätabends betrunken nach Hause kam. Dennoch geschah dies häufig. Fredrik versprach, er werde sich ändern, doch nichts geschah. Sie mochte nicht laut werden, und daher staute sich immer mehr Wut und Frustration in ihr an, und das Verhältnis des Paares wurde zusehends schlechter. Sie versuchte, ihre Kritik zunächst vorsichtig zu formulieren, ohne Erfolg. Schließlich wurde es so schlimm, dass sie die Beziehung beenden wollte. Sie sagte Fredrik deutlich die Meinung und war sehr wütend. Damit setzte sie eine sinnvolle und klare Grenze, und nun fing auch Fredrik an, sich Grenzen zu setzen. Es war nötig gewesen, wütend und deutlich zu sein, denn nur so verstand er, dass sie es ernst meinte.*

**Grenzen können die Beziehung zur Umgebung verbessern.**

Falls es Ihnen schwerfällt, Grenzen zu setzen, müssen Sie dies üben, um Ihre Zeiteinteilung wieder ins Gleichgewicht zu bringen. Trainieren Sie, auf sich selbst Acht zu geben, beginnen Sie damit, Nein zu sagen. Wir wissen, dass das schwierig ist. Vielen fällt das Neinsagen schwer, weil sie glauben, andere damit zu verletzen. Das persönliche Unwohlsein, das man empfinden kann, wenn man jemanden enttäuscht, ist ein starker Widerstand gegen Veränderung. Aber denken Sie daran: Es ist erlaubt, auf sich selbst Acht zu geben, und falls Sie denken, Sie könnten jemanden verletzen, so können dies alte Befürchtungen sein, die Sie mit sich herumtragen. Versuchen Sie, einige Male Nein zu sagen, um herauszufinden, wie es wirklich ist. Sie werden positiv überrascht sein!

## Gleichwertigkeit und Rollen

Das Gleichwertigkeitsprinzip ist eine Voraussetzung dafür, dass zwei Menschen eine gute Beziehung haben können. Das gilt sowohl in der Beziehung zum Partner als auch in einer Freundschaft. Sie müssen geben und nehmen können, um eine Form von Nähe zu erleben, die Ihnen Energie und das Gefühl gibt, Ihre Batterien aufzuladen. Ohne diese Art von Beziehung werden Sie Ihre grundlegenden Bedürfnisse nicht befriedigen können.

Damit die Beziehung zweier Menschen gleichwertig ist, müssen folgende Bedingungen erfüllt sein:

- Deine Gefühle sind ebenso wichtig wie meine.
- Deine Bedürfnisse sind ebenso wichtig wie meine.
- Deine Gedanken sind ebenso wichtig wie meine.

In Beziehungen kann es passieren, dass einer die Rolle des Verantwortlichen und Vernünftigen übernimmt, während der andere sich verantwortungslos und rüpelhaft verhält. In derartigen Beziehungen entwickelt sich ein unausgewogenes Verhältnis. Sind es meine Gefühle, die zählen sollen? Sind es deine Bedürfnisse, von denen wir uns steuern lassen sollen? Warum ist deine Meinung immer richtiger als meine? Partner haben eine Tendenz, einander herunterzumachen oder einander zu vergöttern. Wie ist es bei Ihnen?

**Beziehungen sind ab und zu ein Kampf ums Rechthaben.**

*Ein Bezirksarzt in einem unserer Kurse hatte große Probleme damit, seine Arztrolle abzustreifen. Er hatte seinen Beruf mehr als 20 Jahre lang ausgeübt, alle kannten ihn. Seine Familie und Freunde sahen in ihm nur den Arzt. Wenn er in Freizeitkleidung in ein Geschäft kam, konnte es passieren, dass die Kassiererin ihn um ein Rezept für die Pille bat, während er bezahlte. Wo er auch war, man betrachtete ihn stets in seiner Funktion als Arzt. Er konnte nicht Nein sagen aus Angst, die ihn um Hilfe bittenden Menschen zu enttäuschen. Seine Lösung für dieses Problem bestand darin, zur Erholung Fernreisen zu machen. Im Urlaub konnte er endlich er selbst sein.*

Eine seiner Stärken, die er dauernd ausspielte, war es, Arzt und Helfer zu sein. Das Ergebnis dieser starken Verhaftung in seiner Rolle kann Einsamkeit sein und der Verzicht darauf, eigene Gefühle und Bedürfnisse zu äußern. Es ist selbstverständlich, dass das Gummimännchen einen großen Kopf hat, wenn Leistung und Verantwortung einen derart großen Stellenwert haben.

**Welche Rollen nehmen Sie selbst im Zusammensein mit anderen ein?**

Eine Person zu sein bedeutet, man selbst zu sein, sich im Verhältnis zu anderen als gleichwertig zu betrachten und privat und persönlich zu sein. Das Gefühl von Zugehörigkeit und Selbstwertgefühl hängt nicht davon ab, was man tut, sondern davon, wer man ist und welcher Art die Beziehungen sind, die man zu anderen hat. Das sollte man sich immer wieder vor Augen führen.

## Heimspiel

Sie kennen den Begriff Heimspiel vom Sport, er bezeichnet den Vorteil desjenigen, der auf vertrautem Platz spielt und sich der Unterstützung und Anerkennung des Publikums sicher sein kann. Wir benutzen einen entsprechenden Begriff beim Selbstcoaching, der in allen Lebensbereichen seine Gültigkeit hat. Je besser die Heimspielsituation ist, die Sie sich erarbeiten, desto größer wird Ihr Wohlbefinden und Ihre Freude in Ihren verschiedenen Lebensbereichen sein.

**Heimspielumgebung beschreibt, wie sicher Sie sich innerhalb der verschiedenen Lebensbereiche fühlen.**

Der Ausgangspunkt für ein Heimspiel im psychologischen Sinn ist ein gutes Umfeld des Heranwachsenden, in dem er Unterstützung, Fürsorge, Freude und Kraft erhält. Dadurch sind Sie besser gerüstet, die Herausforderungen des Lebens zu bewältigen, und nicht zuletzt erhalten Sie das nötige Selbstvertrauen, um auch auswärts zu siegen, wenn Sie die Welt erforschen wollen. Es wird dann zu einer Herausforderung, das zu schaffen. Sie können neue Siege erringen und neue Bereiche in Ihr Leben integrieren. Wenn Sie dagegen ein schlechtes Heimspiel haben oder schon immer hatten, bei dem es an Unterstützung mangelt, bei dem die Gefahr von Ablehnung und Akzeptanzverlust besteht, kann das Auswärtsspiel eine furchterregende Arena sein, in der Sie mit neuen Verlusten rechnen. Auch als Erwachsener müssen Sie sich beim Heimspiel innerhalb Ihrer verschiedenen Lebensbereiche auskennen, um sich wohlzufühlen.

Oft geben wir Seminare für Führungskräfte und Unternehmen, und wenn wir die Teilnehmer fragen, ob ihnen das Heimspiel am Arbeitsplatz bekannt ist, geben sie eine klare Antwort: Es sei ein großer Pluspunkt für das Wohlbefinden, für die Produktivität und die Fähigkeit, in einem harten Markt der Sieger zu sein, wenn man Sicherheit, Unterstützung und Toleranz bei seinen Kollegen findet.

## Wie erkennen Sie ein ständiges Ungleichgewicht?

Ist Ihr Gummimännchen nicht ausgeglichen, kann das je nach Situation in Ordnung oder weniger in Ordnung sein. Wir haben alle hin und wieder Perioden fehlender Balance. Nehmen wir folgende Situation: Sie müssen in Ihrem Beruf ein Projekt abschließen und dafür rund um die Uhr arbeiten. In einer solchen Phase ist es schwierig, sich gleichzeitig um Freunde und Familie zu kümmern. Doch sobald das Projekt abgeschlossen ist, nehmen Sie den Kontakt wieder auf und stellen wieder einen ausgeglicheneren Alltag her. Gleiches gilt, wenn Sie verliebt sind, in einer Beziehungskrise stecken oder sich mit Freunden zerstreiten. Dann wird viel Zeit darauf verwendet, sich darum zu kümmern, und anschließend kehrt man in sein altes Gleichgewicht zurück. In diesem Fall ist es nicht nötig, zu trainieren, denn Sie besitzen die Flexibilität und Fähigkeiten, die Sie zur Wiederherstellung der Balance benötigen.

Ein anhaltendes Ungleichgewicht dagegen verschiebt die Zeiteinteilung langfristig – sei es unfreiwillig oder selbst gewählt. Sie bekommen das Gefühl, nichts an diesem Zustand ändern zu können, weil es eben so ist. Oft hören wir Menschen sagen, sie arbeiteten zurzeit so unglaublich viel. Doch trifft man sie zwei Jahre später wieder, so scheint die Situation unverändert. Verändert hat sich nur die Begründung dafür, warum sie gerade jetzt so unglaublich viel arbeiten. Im Folgenden wollen wir Beispiele für ein anhaltendes Ungleichgewicht innerhalb der typischen Lebensbereiche beschreiben.

**Flexibilität dient der Wiederherstellung der Balance.**

## Der Workaholic

*Ellen war Managerin einer Firma und Single. Sie investierte ihre gesamte Zeit in die Arbeit. Ellen hatte früh Verantwortung übernehmen und mithelfen müssen, denn ihre Mutter war krank und der Vater hatte die Familie verlassen. Sie entschied sich dafür, es allein zu schaffen, und wurde in allen Fächern die Beste in der Schule.*

*Langsam, aber sicher schob sie das Bedürfnis nach Kontakt und Spielen beiseite, ihr Leben wurde früh ernsthaft und voller Pflichten und Verantwortungen. Sie schloss ihr Studium als Jahrgangsbeste ab, wurde von einem Unternehmen angeworben und stieg schnell in der Hierarchie auf. Nach einigen Jahren wurde sie Geschäftsführende Direktorin und übernahm die Leitung des Unternehmens. Sie arbeitete Tag und Nacht. Freitagabends war sie deprimiert, und sonnabends fand sie ihr Leben unerträglich. Sie ertrug ihr schlechtes Gewissen nicht*

*und fuhr in die Firma, um die Dinge zu erledigen, zu denen sie an den Werktagen nicht gekommen war.*
*Sie fühlte sich zunehmend unruhig, und es breitete sich ein Unbehagen aus, ohne dass sie es merkte. Als sie einen Vortrag vor mehreren Hundert Menschen halten sollte, fing sie plötzlich an zu zittern. Sie fühlte eine starke innere Unruhe, die sie noch nie zuvor erlebt hatte, und nahm ein Beruhigungsmittel. Doch als dies nicht half, verstand sie, dass sie möglicherweise ein Problem hatte. Sie begann mit einer Therapie.*
*In den Therapiestunden wurde deutlich, dass sie jeden Tag 15 bis 18 Stunden arbeitete und das über viele Jahre hinweg. Sie hatte ständig ein schlechtes Gewissen und das Gefühl, nicht zu genügen.*
*Am Wochenende hatte sie sich mehrfach gefragt, ob ihr Leben wirklich einen Sinn habe. Als sie ihr Gummimännchen zeichnete, sah sie sehr deutlich, dass es in einem furchtbaren Ungleichgewicht war und viele Bereiche keinen Platz in ihrem Leben hatten. Sie verstand, dass sie ein Workaholic war. Sie verbrachte nie Zeit mit Freunden, hatte keinen Freund, für Hobbys und Sport war kein Platz. Sie erkannte, dass sie diese fundamentalen Bedürfnisse nicht stillte, empfand das aber auch nicht als wichtig. Dafür hatte sie keine Zeit. Sie bekam ein schlechtes Gewissen, wenn sie nur daran dachte.*
*Daraufhin bat ihr Therapeut sie, sich eine halbe Stunde lang irgendetwas im Fernsehen anzuschauen und zu beobachten, ob sie das schaffe, ohne dabei zu arbeiten. In der nächsten Sitzung erzählte sie, sie habe es geschafft, aber währenddessen 150 Sit-ups gemacht und drei Blusen gebügelt. Als sie damit konfrontiert wurde, es sei ihre Aufgabe gewesen, ausschließlich fernzusehen, war sie völlig entmutigt. Das hatte sie nicht*

*verstanden. Nach längerer Therapie begann sie, im Job Grenzen zu setzen und die anderen Bereiche zu entwickeln, aber es kostete sie viel Kraft. Viele soziale Fähigkeiten, die andere als selbstverständlich betrachten, hatte sie nicht entwickelt. Sie musste ihr schlechtes Gewissen aushalten. Ihr Gummimännchen hatte sich zu einer Amöbe entwickelt.*

Wenn Sie sich in dieser Geschichte wiedererkennen und Ähnlichkeiten mit Ellen haben, hat auch Ihr Gummimännchen sich zu einer Amöbe entwickelt. Dann ist es Zeit, nachzuspüren, wie es um Ihr Wohlbefinden und Ihre überschüssige Energie bestellt ist und welche Fähigkeiten Sie trainieren müssen, um Ihr Gleichgewicht wiederherzustellen.

**Arbeiten Sie mehr als neun Stunden, beeinflusst das die anderen Lebensbereiche.**

Übersteigt Ihre Arbeitszeit die Hälfte Ihrer wachen Zeit, also rund neun Stunden, werden die anderen Bereiche beeinflusst. Das trifft tatsächlich auf sehr viele Menschen zu, denn wir fahren zur und von der Arbeit und nehmen oft Arbeit mit nach Hause. Arbeiten Sie auch am Abend, werden es schnell elf, zwölf Stunden. Dann sind nur noch fünf Stunden für andere Tätigkeiten übrig. In einem stressigen Alltag vergessen Sie, Ihre Beziehung zu pflegen, wie Sie es getan haben, als Sie verliebt und mit Ihrem Partner beschäftigt waren.

Bei einer chronischen Verleugnung Ihrer Bedürfnisse wird Ihr Körper mit der Zeit Unbehagen signalisieren, und er ist es wert, auf ihn zu hören. Er nimmt keine Rücksicht auf die Regeln und Verordnungen, die Sie im Laufe Ihres Lebens gelernt haben. Wenn Sie Ihrer Arbeit und Ihren Verpflichtungen nachgehen, nehmen Sie normalerweise eine Rolle ein. Im Job sind Sie in Ihrer professionellen Rolle, und wenn die Pflicht Sie ruft, dann sind Sie Vater, Mutter oder Haushaltshilfe. Dann müssen Sie mehr als in anderen Lebensbereichen persönliche Bedürfnisse zurückschrauben. Wächst die Größe des Gummimännchenkopfes stark an und bleibt dieses Ungleichgewicht über längere Zeit bestehen, werden Sie Ihre grundlegenden Bedürfnisse nicht stillen können. Mit der Zeit wird das Ungleichgewicht größer und Sie können Krankheitssymptome entwickeln. Versuchen Sie daher, in den privaten Bereichen ein Gleichgewicht herzustellen und dort auf Ihre Bedürfnisse zu hören, damit Sie genug Energie haben, um Ihre Pflichten und Ihren Job zu meistern.

## Der Sportfanatiker

*Björn war bereits als kleiner Junge kräftig und einer der Besten im Sport. Seine Eltern waren fit, und er lernte früh, dass es galt, der Beste zu sein. Nach Abschluss der Mittelstufe trainierte er mehrmals täglich und beschloss, kein Abitur zu machen, sondern sich lieber vollständig dem Laufen zu widmen. Der Erfolg ließ nicht lange auf sich warten, er wurde einer der Besten – aber er war nicht zufrieden. Er hatte Höheres im Sinn. Er wollte Europameister, Weltmeister und sogar Olympiasieger werden.*

*Für Mädchen, Schule und Freunde hatte er keine Zeit, alles drehte sich nur noch um den Sport. Mit 25 Jahren hatte er seine Ziele noch immer nicht erreicht und wurde, als er seine Grenzen erkannte, zunehmend deprimierter. Er bekam körperliche Symptome, wurde depressiv und musste sich Hilfe suchen. Er fühlte sich wie ein Versager.*

*Als er erkannte, wie die Zeit an ihm vorbeigelaufen war, erschrak er bei dem Gedanken, was er alles verpasst hatte. Er sah ein, dass er auch andere Bereiche ausbauen musste, da der Sport nicht seine grundlegenden Bedürfnisse nach Nähe, Kontakt und Selbstverwirklichung stillte.*

Wir könnten Dutzende weiterer Beispiele aufführen und Ihnen viele Varianten extremen Verhaltens beschreiben. Beeinflusst wird dieses Verhalten durch Ihre Interessen, Ihre Gewohnheiten und die Stärken, die Sie als Kind entwickelt haben.

Nachdem Sie Ihr Gummimännchen gezeichnet haben, werden Sie eine Vorstellung davon bekommen, ob Sie in einem ständigen Ungleichgewicht leben oder nicht. Viele leben mit diesem Ungleichgewicht, auch wenn es unangenehm ist, da es zu bedrohlich scheint, etwas an der Situation zu ändern. Diese Entscheidung muss man respektieren. Wenn Sie aber dennoch etwas an Ihrem Ungleichgewicht ändern wollen, so stellen wir Ihnen im nächsten Kapitel einige Schlüssel vor, mit deren Hilfe Sie das erreichen können.

### Übung

Schauen Sie sich Ihre psychologische Verfassung einmal genauer an und versuchen zu verstehen, ob diese von einem nicht vorhandenen Gleichgewicht in den einzelnen Bereichen herrührt. Im Folgenden finden Sie einige der typischen Aussagen, die getroffen werden, wenn Menschen im Ungleichgewicht sind:

- Ich bin deprimiert.
- Ich bin sehr unruhig.
- Ich bin einsam.
- Ich bin gestresst.
- Ich fühle mich unflexibel und in meiner Situation gefangen.
- Ich habe nie Zeit.
- Alle wollen so viel von mir.
- Ich kann einfach nicht Nein sagen.
- Ich kann niemanden enttäuschen.
- Alles ist eine einzige Anstrengung.
- Ich habe ständig Probleme mit anderen Menschen.
- Immer bin ich am Ende allein.
- Ich renne ständig mit dem Kopf gegen die Wand.
- Kranksein macht mir Angst.
- Ich muss alles perfekt machen.

Falls Sie diese Aussagen wiedererkennen und oft selbst benutzen, sollten Sie Ihr Gummimännchen regelmäßig zeichnen. Auch wenn Sie es bereits gezeichnet haben: Es wird sich ständig verändern.

## Wie können Sie Ihre Balance trainieren?

Wie Sie gesehen haben, ist die Balance in Ihrer Zeiteinteilung eine Voraussetzung dafür, ein Gleichgewicht zwischen Ihren Lebensbereichen herzustellen. Dieses Gleichgewicht ist eine wichtige Voraussetzung zur Befriedigung Ihrer wichtigsten Bedürfnisse, zum Aufbau von Kontakten und zum Aufladen Ihrer Akkus.

Zeichnen Sie gelegentlich Ihr Gummimännchen! Erstellen Sie zunächst eine Liste, wie Sie Ihre Zeit (etwa 17 Stunden) an einem typischen Werktag verbringen, und erstellen Sie dann eine Liste für ein normales Wochenende.

### Übung

Werden Sie konkret: Wie viele Stunden verwenden Sie für:

- die Arbeit inklusive Hin- und Rückfahrt – gegebenenfalls auch Vorbereitung oder Arbeit, die Sie mit nach Hause nehmen?
- die Beziehung, in der Sie mit Ihrem Partner Zeit als Paar verbringen und sich aufeinander konzentrieren?
- Kinder und Familie, in der Sie allein oder gemeinsam mit Ihrem Partner in der Rolle des Elternteils oder desjenigen sind, der für die Kinder sorgt?
- Freundschaft?
- Hobbys und Freizeitaktivitäten?
- Sport und Training?
- Wohlbefinden, Ruhe, Sexualität?
- Pflichten wie Hausarbeit, Transport und Einkaufen?
- Schlaf?

Wenn Sie diese beiden Listen (Werktag/Wochenende) erstellt haben, sind Sie bereit, Ihre beiden Gummimännchen zu zeichnen. Zeichnen Sie den Flächeninhalt ihrer Gliedmaßen entsprechend den Stunden, die Sie benötigen. Dies ist kein wissenschaftlicher Test, sondern eine Rückmeldung an Sie darüber, wie Sie Ihre Zeit verwenden. Versuchen Sie, so ehrlich wie möglich zu sein. Ziel ist es, sich selbst etwas zu verdeutlichen, woran Sie normalerweise nicht denken:

- Welchem Ihrer Lebensbereiche räumen Sie zu wenig Platz ein? Was vermissen Sie in Ihrem Leben? Wozu haben Sie keine Lust und verbringen dennoch viel Zeit damit? Markieren Sie vornehmlich, in welchen Lebensbereichen Sie Probleme haben, Kontakt und Sicherheit zu erleben, und wo es Ihnen schwerfällt, Grenzen zu setzen.
- Schauen Sie sich nun die Balance zwischen Arbeit, Pflicht und den übrigen Bereichen an. Werden Sie in Ihrem Leben häufig von Lust und Neugier geleitet? Oder sind Sie primär von der Sorge getrieben, dass etwas schiefgehen könnte?
- Wie sieht Ihr Verhältnis zu Ihrem Partner aus? Trennen Sie zwischen der gemeinsamen Zeit als Partner oder Liebespaar und dem Zusammensein als Eltern und Kinderbetreuer?
- Wie viel Zeit verbringen Sie in jeder dieser Kategorien?
- Wie verhält es sich mit der Gleichwertigkeit? Mit welchen Personen erleben Sie gleichwertige Situationen von Geben und Nehmen? In welchen Beziehungen sind Sie ständig der Gebende oder der Bedürftige?

Ausgehend von dieser Analyse entdecken Sie vielleicht einen Lebensbereich, dem Sie zu wenig Zeit und Aufmerksamkeit gewidmet haben. Dann müssen Sie der Aktivität mehr Zeit einräumen oder den Inhalt dieses Lebensbereiches verändern, um zufriedener zu sein. Wollen Sie mehr Zeit mit Ihren Freunden verbringen? Dann rufen Sie sie an! Schlagen Sie ein Treffen in der kommenden Woche vor, laden Sie jemanden zum Essen zu sich nach Hause ein. Vielleicht müssen Sie eine andere Aktivität aufgeben und Nein sagen, um das zu ermöglichen. Falls dies der Fall ist: welche?

**Seien Sie bei der Auflistung so konkret wie möglich!**

Denken Sie über weitere Dinge nach, die Sie trainieren könnten, um eine bessere Balance in Ihrem Leben zu erreichen. Wie oft werden Sie Kontakt aufnehmen oder Nein sagen, bevor Sie das Gefühl haben, ein befriedigendes Ergebnis erreicht zu haben?

### Bewerten Sie sich in Ihrer Heimspielumgebung

Ein anderes gutes Hilfsmittel zur Bewertung jedes einzelnen Lebensbereiches ist das Vergeben von Punkten in Ihrer eigenen Heimspielumgebung. Wie Sie aus dem vorangegangenen Kapitel noch wissen, beschreibt die Heimspielumgebung, wie sicher Sie sich innerhalb der verschiedenen Lebensbereiche fühlen. Wenn Sie Ihr Gummimännchen gezeichnet haben, können Sie es ebenfalls dazu nutzen, Ihre Heimspielumgebung zu benoten. Notieren Sie auf den Gliedmaßen des Gummimännchens die Art und Weise, wie Sie sich selbst einschätzen, und direkt außerhalb, wie Sie andere beurteilen.

Zu den Qualitäten der Heimspielsituation gehören: bekannte Verhältnisse, Wohlbefinden, Unterstützung durch die Umgebung, Fürsorge, Sicherheit, Vorhersehbarkeit, Wärme, Anerkennung, Nähe, Bedürfnisbefriedigung, offene Uneinigkeit, Direktheit, Konfrontationen, Ehrlichkeit, Vergebung, Offenheit, Toleranz, positive Gefühle, Liebe, positive Erwartungen.

### Übung

Benoten Sie zuerst, wie Sie Ihre Situation in engen Beziehungen, in Ihrem Sexualleben, in Freundschaften, Beruf und Freizeit, bezüglich Gesundheit und Training und mit Kindern und Familie erleben. Geben Sie sich selbst Punkte zwischen 1 und 5, wobei 5 „könnte nicht besser sein" und 1 „unsicher, ohne Kontakt, wie in der Auswärtsspielsituation" bedeutet.

Schätzen Sie nun Ihren eigenen Einsatz und Ihre Verhaltensweise ein, ausgehend von den gleichen Qualitäten. Sind Sie selbst offen, direkt, anerkennend und unterstützend, oder haben Sie nur wenig Spielraum? Bewerten Sie sich selbst mit 1 bis 5.

Wo müssen Sie Ihre Heimspielsituation verbessern? Woran können Sie arbeiten im Verhältnis zu wem? Beschreiben Sie ein ganz konkretes Verhalten und notieren Sie, wie oft Sie trainieren möchten. Denken Sie daran, dass die Heimspielsituation etwas ist, was Sie selbst mit Ihrem Einsatz und Ihrer Haltung beeinflussen können. Diese Aufgabe kann Ihnen keiner abnehmen.

# Kapitel 3 Die Schlüssel zum guten Kontakt zu anderen

## Einleitung

Alte Gewohnheiten sind schwer zu verändern, heißt es. Genauso verhält es sich mit eingeübten Verhaltensweisen. Sie werden eher zur Unsitte als zu einer bewusst gewählten Art des Auftretens. Sie sitzen fest, und jeder Versuch, sie zu ändern, wird ein unbehagliches Gefühl auslösen. Wir geben Ihnen nachfolgend Werkzeuge an die Hand, damit Sie dieses Unbehagen überwinden und es wagen können, neue und funktionalere Verhaltensweisen zu erforschen. Diese Werkzeuge – oder Schlüssel – öffnen Ihnen das Tor zur Kommunikation und ebnen Ihnen den Weg zum Kontakt: Die vier Schlüssel Impuls, Klarheit, Aktivität und Ausdrucksform sind die Hauptelemente guter Kommunikation und sollten unbedingt beherrscht werden, damit ein effektives Selbstcoaching möglich ist.

**Kontakt ist ein grundlegendes menschliches Bedürfnis.**

Kontakt ist eines unserer grundlegenden Bedürfnisse und bleibt als solches ein Leben lang bestehen. Körperkontakt, Blickkontakt, Nähe, Lächeln und Wärme zwischen Eltern und Kind sind essenziell. Wir alle wissen, dass es nicht leicht ist, verstanden zu werden und andere zu verstehen. Überall gibt es Konflikte, beinahe die Hälfte aller Ehen werden geschieden. Aber auch am Arbeitsplatz, zwischen Freunden und nicht zuletzt in der Politik ist das Konfliktniveau oft hoch.

**Bei einer kongruenten Person stimmen das Innere und das Äußere überein.**

Die direkte und klare Kommunikation, am besten von Angesicht zu Angesicht, hilft Ihnen, Ihre Kommunikationsfähigkeiten und Ihr Gespür für die Reaktion Ihres Gegenübers anzuwenden, um verstanden zu werden. Das gilt für alle Lebensbereiche.

Wie bereits erwähnt, möchten wir Ihnen vier Schlüssel vorstellen, die einem guten Kontakt zugrunde liegen und die Grundlage für eine funktionierende Kommunikation bilden. Diese vier Schlüssel beschreiben einen inneren und einen äußeren Teil. Der innere besteht aus den Schlüsseln Impuls und Klarheit. Der äußere setzt sich zusammen aus Aktivität und Ausdrucksform. Wenn das Innere und das Äußere im Einklang sind, sprechen wir von einer stimmigen oder kongruenten Persönlichkeit. Solche Menschen wirken harmonisch und sind leicht zu deuten. Es besteht eine Übereinstimmung zwischen dem, was andere sehen und hören, und dem, was sie selbst fühlen, benötigen und meinen. Bei ihnen harmonieren die vier Schlüssel miteinander. Sie besitzen ausreichend Fähigkeiten, um sich in jedem Lebensbereich klar mitzuteilen. Das ist keine Selbstverständlichkeit. Viele funktionieren ausgezeichnet am Arbeitsplatz, sind dort flexibel und in der Lage, Grenzen zu setzen, in der Familie aber treten sie unflexibel und ängstlich auf und können keinen Kontakt aufbauen.

## Die inneren Schlüssel

### Impuls

Der erste Schlüssel ist der Impuls oder das, was Sie im Magen oder in der Brust fühlen. Das diese Körperbereiche so empfindsam sind, rührt daher, dass sich hier große Nervenzentren befinden. Tiere und Menschen haben etwas im Magen, was einige als Unruhe oder Stress, andere als Schmetterlinge beschreiben. Wenn Sie einen Impuls bemerken, reagieren Sie. Dieser Impuls kann durch äußere Stimuli mithilfe unserer Sinnesorgane oder auch von innen durch Gedanken und plötzlich auftauchende Erinnerungen ausgelöst werden.

*Ein junger Mann hatte viel an dem Verhältnis zu seinem Vater gearbeitet. Als er eines Tages die Straße entlangging, bekam er plötzlich ein unbehagliches Gefühl im Magen. Ihm wurde schlecht, und er konnte es sich nicht erklären. Er hatte nichts Besonderes getan. Da entdeckte er aus dem Augenwinkel ein Flanellhemd, das dem seines Vaters ähnelte. Das hatte bei ihm alte Erinnerungen und Unbehagen hervorgerufen, und er verstand die Ursache für seine Reaktion.*

Die Intensität eines Impulses ist sowohl genetisch bedingt als auch angelernt. Genetisch kommen wir mit der Anlage für Temperament und Intelligenz zur Welt. Einige Säuglinge schreien, sobald sie auf der Welt sind, andere dagegen sind ruhiger und weniger fordernd. Dieses Verhalten beeinflusst ihre Umwelt, und die erlebte Reaktion ist Grundlage für einen Lernprozess. Die Art und Weise, wie das Verhalten des Kindes von der Umgebung interpretiert wird, ist entscheidend dafür, ob man sich gehört und gesehen fühlt. Bekommt das Kind keine Milch, Nahrung, Trost oder ausreichend Kontakt, verkümmern die Bedürfnisse. Das Kind kann in dieser Phase nicht erkennen, was die Impulse bedeuten, aber es empfindet Unbehagen.

*Ingrid glaubte ständig, verlassen zu werden. Sie fühlte sich unsicher und ängstlich in der Beziehung zu ihrem Mann und zu ihren Freunden. Sie war davon überzeugt, dass ihre Mutter sich früher nicht um sie gekümmert und sie vernachlässigt hatte. Als sie ihre Mutter darauf ansprach, erklärte diese ihr, sie habe damals oft während der Mahlzeiten ans Telefon gehen und Anfragen beantworten müssen. Derartige normale Störungen können die Grundlage für ein Gefühl sein, das keine Entsprechung in der Realität hat.*

Natürlich mag es sein, dass die Mutter ein wenig egoistisch und mit ihren Dingen beschäftigt war, doch stand außer Zweifel, dass sie ihre Tochter liebte. Sie hatte ihre Tochter nie verletzen wollen. Dennoch schleppte Ingrid diese Angst mit sich herum und interpretierte sie, als seien alle anderen Menschen genau wie ihre Mutter.

Einige weniger temperamentvolle Kinder zeigen keine so starken Reaktionen, und Mutter oder Vater reagieren dementsprechend auch nicht so klar und eindeutig. Der Säugling gewöhnt sich daran, dass es keinen Sinn macht, sich derart aufzuführen, und er kann sich dadurch passiver entwickeln, als das Temperament es verspricht.

**Es ist wichtig, im Bauch nachzuspüren, was in Ihnen vor sich geht.**

Die Entwicklung von Impulsen ist kompliziert und vielschichtig, und es ist kein Zufall, wenn Sie einen schlechten Zugang zu Ihren Impulsen haben. Jegliche Form von Unruhe oder Aufregung ist ein Signal, das Sie ernst nehmen sollten. Sich über diesen Impuls klar zu werden, ist der erste Schlüssel. Dieser ist wiederum Grundlage für den zweiten Schlüssel, die Klarheit.

## Klarheit

Der zweite Schlüssel, die Klarheit, ist das Ergebnis eines fortlaufenden Prozesses in der Interaktion mit der Umgebung. Dieser Bewusstwerdungs- oder Klärungsprozess über die Ursache der Impulse beginnt früh, bereits vor der Sprachentwicklung. Kinder erleben ihre Umgebung durch Bilder, Bewegungen und Farben. Die Eindrücke werden entweder als positiv oder als unangenehm erlebt. Auch bei Impulsen des eigenen Körpers wird in erster Linie zwischen Wohlgefühl und Unbehagen differenziert. Dem Kind ist nicht bewusst, ob es sich um Unsicherheit, Furcht, Hunger oder Kälte handelt. Im Verlaufe Ihrer Entwicklung

steigt die Klarheit darüber, was der Impuls bedeutet, und Sie können zwischen den unterschiedlichen Qualitäten differenzieren und dementsprechend handeln.
Werden die Bedürfnisse erfüllt, gesehen, gehört und wahrgenommen zu werden, Aufmerksamkeit zu bekommen und Raum einzunehmen, gibt uns dies ein Gefühl von Wohlbefinden. Wachsen wir mit viel Freiraum innerhalb klarer Rahmenbedingungen sowie Sicherheit und Akzeptanz auf, kann sich unser Gefühlsspektrum breit und angemessen entwickeln, sodass wir uns zu einer gut integrierten Persönlichkeit entwickeln. Auf diese Weise wird der Grundstein für alle Fähigkeiten im zukünftigen Leben gelegt. Unterdrücken oder leugnen Sie Ihre Bedürfnisse dagegen zu sehr, wissen Sie nicht, was Sie benötigen. Sie haben die Klarheit über die eigenen Impulse verloren, und Ihre Handlungen werden beinahe ausschließlich davon gelenkt, was die Umgebung will.
Es ist wichtig, sich über die eigenen Gefühle im Klaren zu sein, sowohl über deren Intensität als auch über deren Qualität. Die vier wichtigsten Gefühle sind Freude, Trauer, Wut und Furcht, und diese können wiederum in ziemlich viele kleine Untergruppen unterteilt werden. Sie können Traurigkeit mit einem Klavier vergleichen, dessen Tastatur der Sammelbegriff Traurigkeit ist, während jede Tangente eine Untergruppe darstellt. In den tiefen Bässen finden wir Melancholie, tiefe Sorge und Depression, während im mittleren Tastaturbereich Entbehrung, Sehnsucht und Traurigkeit liegen. Im oberen Bereich der Tastatur sind Sie

ein bisschen traurig. So können Sie auch die anderen Sammelbegriffe unterteilen von beispielsweise mörderischer Raserei bis zu leichter Irritation, von ganz froh bis überschwänglich glücklich und ein bisschen ängstlich bis zu voller Panik.

Vielen fehlt diese Klarheit, und sie haben Schwierigkeiten, die Tastatur wiederzuerkennen. Sie empfinden Irritation, deuten diese aber als etwas anderes als Wut. Sie sind sarkastisch, kritisch oder vorwurfsvoll, meinen aber noch immer, keine Wut zu spüren.

**Aufmerksamkeit schafft ein Gefühl von Wohlbefinden.**

Auch der Begriff Aggression wird häufig missverstanden. Diese Lebenskraft ist nicht nur die Grundlage für Wut, sondern auch für Selbstbehauptung, Grenzsetzung, für das Ergreifen der Initiative, für Sexualität und Kreativität.

Wir unterscheiden zwischen Gefühlen, die das Resultat einer reellen Situation im Hier und Jetzt sind, und Emotionen. Emotionen betrachten wir als Ergebnis ihrer eigenen, nicht realen Gedanken oder Fantasien. Schamgefühl, Schuld und Neid sind Beispiele für Emotionen, die durch Gedanken entstehen, „verkehrt“ zu sein, nicht gut genug zu sein, oder durch andere selbstkritische und negative Gedanken.

Der Begriff Emotion bedeutet „sich bewegen“. Die Gedanken lösen in diesen Situationen einen Impuls aus, der Ihren Körper dazu veranlasst, Unbehagen und Anspannung zu fühlen.

Klarheit handelt von der Fähigkeit, Ihre eigene Tendenz zu erkennen und zu verstehen, Emotionen aus alten Vorstellungen und Erwartungen an Ihre Umgebung und sich selbst heraus zu erschaffen. Was sagen die anderen, was ist die Intention der Botschaft, wie ist die Körpersprache, und wie handeln sie? Es ist wichtig, unterscheiden zu können zwischen der Realität und Ihren Fantasien oder Wünschen, was andere denken und meinen.

**Sie brauchen Klarheit darüber, was sich in der Welt um Sie herum abspielt.**

Wir haben bisher hauptsächlich über das gesprochen, was in Ihnen vorgeht. Allerdings können andere Ihr Inneres nicht sehen. Stellen Sie sich eine Festplatte vor, zu der Sie weder einen Drucker noch einen Bildschirm haben. Dann sind Sie gezwungen zu erraten, was auf dieser Festplatte gespeichert ist. Sobald Sie den Bildschirm anschalten, erhalten Sie Klarheit. Genauso verhält es sich mit uns, und daher benötigen wir die zwei äußeren Schlüssel, wenn wir weiterkommen und von anderen verstanden werden wollen.

## Die äußeren Schlüssel

### Aktivität

Der dritte Schlüssel ist die Dynamik, Aktivität. Nach unserer Definition umfasst dies den Bereich der nonverbalen Kommunikation, also derjenigen Kommunikation, die keine Worte beinhaltet, sondern mithilfe des Körpers ausgedrückt wird. Aktivität beinhaltet auch Handlung. Ein Beispiel für eine Handlung ist, ob Sie auf andere zugehen oder sich eher zurückziehen, ob Sie die Initiative bei Kontaktaufbau und Berührung ergreifen oder Abstand und Skepsis signalisieren. Ihre Körperhaltung zeigt oft deutlicher als Worte, ob Sie traurig und deprimiert sind (Sie sind in sich zusammengesunken) oder fröhlich (Ihre Mimik ist offen und beweglich, Sie lächeln).

Die Deutung von und die Reaktion auf Gestik, Mimik und Blickkontakt lernen Sie bereits im Säuglingsalter. Durch die Art und Weise, wie Sie sich kleiden, mit Ihrer Frisur, mit der Wahl Ihrer Brille, Ihres Bartes, der Schminke und persönlichen Hygiene senden Sie Signale, die von anderen gedeutet werden. Alles das, was auf der nicht verbalen Ebene vor sich geht, betrifft Fähigkeiten in der Kommunikation mit anderen Menschen, deren bewussten Einsatz Sie üben können – oder zumindest können Sie ein Bewusstsein dafür entwickeln, wie diese von anderen wahrgenommen werden. Die Aktivitäten sind davon abhängig, mit welcher Klarheit Sie Ihre Impulse lenken. Je größer die Klarheit, desto zielgerichteter das Verhalten.

**Eine Handlung spricht oft eine deutliche Sprache.**

Der Aktivitätsschlüssel ist in erster Linie dafür da, Gefühle und Bedürfnisse mithilfe von Körpersprache und Mimik auszudrücken, während Sie zum Mitteilen Ihrer Gedanken und Meinungen Fähigkeiten im Bereich des Schlüssels Ausdrucksform benötigen.

## Ausdrucksform

Der vierte Schlüssel ist die verbale Kommunikation. Dies ist eine eigene Dynamik, die speziell darauf ausgerichtet ist, Gedanken und Meinungen auszudrücken. Der Schlüssel der Ausdrucksform betrifft die Art und Weise, wie man etwas sagt. Der Inhalt und wie dieser formuliert wird, ist ein wichtiger Teil dieses Schlüssels. Einige drücken sich kurz, klar und in direkter Rede aus, andere sprechen tendenziell indirekter, springen von Thema zu Thema oder verwenden viele eingeschobene Nebensätze. Einige sollten zu ihrem eigenen Vorteil trainieren, ihre Sprache zu komprimieren und mit weniger ausschweifenden Auslegungen zu erzählen, während andere trainieren sollten, mehr als nur Ja, Tja oder Nein zu sagen.

Lautstärke ist ebenfalls eine wichtige Fähigkeit. Einige sind der Meinung, es wirke künstlich, mit kräftiger und voller Stimme zu sprechen, und haben oft Probleme, wahrgenommen zu werden, sobald sie in einer Gruppe sind. Die Lautstärke ist ein wichtiger Teil der Färbung von Sprache.

Der Tonfall, also die Fähigkeit, Gemütsregungen oder Gefühle in der Sprache auszudrücken, ist eine weitere wichtige Fähigkeit. Einige können am besten Gefühle wie Wut und Entrüstung ausdrücken, während andere flexibler und in der Lage sind, ihr gesamtes Gefühlsspektrum zu vermitteln. Das ist natürlich eine wichtige Fähigkeit, wenn Sie sich mitteilen und all die verschiedenen Zustände ausdrücken wollen, die Sie in Ihrem

**Auch in der Sprache macht der Ton die Musik.**

Inneren erleben. Der Tonfall vermittelt unsere Botschaft. Wenn der Tonfall die Botschaft auf eine besondere Weise färbt, sprechen wir von Untertönen.

*Kristin spielte einer Freundin den Anrufbeantworter mit der Nachricht ihrer Mutter vor. Am Inhalt war nichts auszusetzen, die Mutter lud zum Abendessen ein. Das, worauf Kristin reagierte, war die Art und Weise, wie es gesagt wurde. Die Mutter sprach mit einer schrillen, zitternden Stimme, als wäre etwas gar nicht in Ordnung, und es schien, als würde sie beinahe weinen. Kristin spielte das Band ihrer Freundin vor, weil sie nicht sicher war, ob nur sie auf diese Sprechweise reagierte. Doch die Freundin empfand das gleiche Unbehagen. Der Tonfall, die Gemütsregung und die zitternde Stimme hatten einen viel größeren Einfluss als der Inhalt. Daher nahm Kristin die Einladung auch nicht an.*

Festgefahrene Muster und automatisierte Ausdrucksweisen können Probleme schaffen. Alle Arten von Fähigkeiten können eine falsche Wirkung erzielen, wenn sie nicht in Einklang mit Ihrem Inneren verwendet werden. Sind Sie innerlich traurig, ist es schwer, äußerlich zu lächeln. Dann müssen Sie eine andere Fähigkeit trainieren, und zwar das Weinen. Das wird Ihren inneren Zustand an die Außenwelt kommunizieren.

**Ausdrucksform meint die Art und Weise, wie man etwas sagt.**

## Kontaktfähigkeit

Ihre Kontaktfähigkeit hängt davon ab, wie gut Ihre vier Schlüssel miteinander harmonieren. Je besser Ihre Wahrnehmung dessen ist, was in Ihnen vorgeht, je größer Ihre innere Klarheit und je besser Sie hinsichtlich der äußeren Fähigkeiten gerüstet und trainiert sind, desto höher ist Ihre Kontaktfähigkeit. Sie können Ihre Kontaktfähigkeit trainieren, indem Sie die vier Schlüssel bewusst und systematisch benutzen, damit Ihr Inneres mit Ihrem Äußeren in Einklang kommt. Wir sprechen hierbei allerdings von Ihrer Fähigkeit, Kontakt aufzubauen, was nicht zwingend heißt, dass Sie den Kontakt, den Sie sich wünschen oder den Sie benötigen, auch tatsächlich aufbauen. Wenn Sie sich über Ihre Bedürfnisse, Gefühle und Meinungen im Klaren sind und darüber hinaus die nötigen Fähigkeiten besitzen, um diese auszudrücken, erhöht sich Ihre Chance, Kontakt aufzubauen und Ihre Bedürfnisse zu stillen. Den Weg hin zu einer erhöhten Kontaktfähigkeit wollen wir am folgenden Beispiel verdeutlichen.

**Die Kontaktfähigkeit versetzt Sie in die Lage, den Alltag besser zu bewältigen.**

*Sven fühlte eines Tages ein unbehagliches Gefühl im Magen, wusste jedoch nicht, was dieser Impuls (der erste Schlüssel) bedeutete. Er versuchte, ihn zu identifizieren. Mit der Zeit wurde es ihm immer klarer (der zweite Schlüssel). In jüngster Zeit war er oft einsam und traurig gewesen und hatte den Kontakt zu seiner Freundin und deren Zärtlichkeit vermisst. Als er dies erkannt und verstanden hatte, fühlte er sich beinahe noch schlechter, denn er trug all diese Gefühle in sich. So hatte er sich lange gefühlt, er war einsam gewesen und hatte den Kontakt vermisst, ohne darüber zu sprechen.*

Möglicherweise erkennen Sie diese Situation wieder. Sie tragen Gefühle und Bedürfnisse mit sich herum, ohne etwas dagegen zu tun. Mit anderen Worten: Es reicht nicht aus, sich darüber im Klaren zu sein, es ist auch eine Handlung nötig, wenn die Gefühle und Bedürfnisse konstruktiv genutzt werden sollen. Viele glauben, die Erkenntnis reiche aus, der Rest werde sich von selbst regeln. Aber so ist es nicht. Handlung und Ausdruck sind notwendige Elemente im Kontakt mit anderen und können erlernt werden, auch wenn Sie sich zunächst unbeholfen und verletzbar fühlen werden.

*Zurück zu Sven. Er verstand, dass er handeln musste, und er machte Gebrauch von seiner Aktivität (dem dritten Schlüssel). Mit einem verletzten Gesichtsausdruck ging er zu seiner Freundin Liv und sah ihr mit traurigem Blick in die Augen. Sie verstand, dass er bekümmert war. Als er mit leiser Stimme erzählte, wie traurig und einsam er sei und dass er den Kontakt mit ihr vermisse, verstand sie zweifelsfrei, worum es ihm ging. Sie nahm ihn in den Arm, strich ihm über das Haar und erzählte ihm, dass sie ihn sehr lieb habe. Er empfand das gute Gefühl, verstanden zu werden und wieder im Kontakt zu sein.*

Es mag einem künstlich vorkommen, diesen Prozess so detailliert zu durchlaufen, aber es ist nicht einfach, das eigene Verhalten zu verstehen, bevor wir nicht die Details

anschauen. Sven hatte mit seiner äußeren Klarheit eine gute Kontaktfähigkeit bewiesen und erreichte Liv damit. Vorher hatte er oft gehofft, sie würde erkennen, wie er sich fühlte. Doch jedes Mal war er enttäuscht worden. Erst als er selbst die Verantwortung dafür übernahm, sich klar auszudrücken, drang er zu ihr durch und erreichte den Kontakt, den er vermisst hatte. Er hatte seine Kontaktfähigkeit trainiert.
Sven übernahm selbst die Verantwortung. Er kommunizierte so gut er konnte und handelte auf eine Weise, in der sein Inneres und sein Äußeres miteinander im Einklang waren. Diese persönliche Verantwortung ist unserer Meinung nach der zentrale Schritt zur Verbesserung Ihres Alltags in den verschiedenen Lebensbereichen. Ihre Gefühle und Bedürfnisse geben die Impulse dafür, welche Verhaltensweisen zur Erreichung einer größtmöglichen Zufriedenheit im Laufe eines Tages führen.
Wir werden häufig gefragt, ob es Sinn macht, ständig seine Gefühle und Bedürfnisse zum Ausdruck zu bringen. Das tut es natürlich nicht. Aber Sie sollten die Möglichkeit haben, Ihre Gefühle und Bedürfnisse auszudrücken, wenn Sie es wünschen.

## Schlüssel-Training für einen guten Kontakt

Wie Sie sich erinnern, gibt es verschiedene Schlüssel, mit denen Sie einen besseren Kontakt und ein Gleichgewicht zwischen Ihrem Inneren und Ihrem Äußeren herstellen können. Sie verwenden diese Schlüssel in jedem Bereich des Gummimännchens. Insbesondere in Freundschaft und Beziehung ist es wichtig, dass Sie genügend Fähigkeiten zur Kommunikation besitzen und sich so ausdrücken können, wie Sie es sich wünschen.

## Training der Klarheit

Der erste Schlüssel, mit dem Sie üben können, ist die Klarheit. Klarheit handelt von Selbsteinsicht oder Selbstverständnis. Sie können beschreiben, was in Ihnen vorgeht, sodass Sie Ihre Impulse sowohl im Verhältnis zu Gefühlen als auch Entbehrung richtig deuten. Haben Sie Klarheit, verstehen Sie, wenn durch Ihre Gedanken oder Erinnerungen Emotionen ausgelöst werden. Dann erhalten Sie ein klares Bild von der Situation, in der Sie sich befinden. Sie sind empfindsam und sich darüber im Klaren, was mit anderen passiert und wie Sie die Situation beeinflussen.

Beim Training zur Steigerung Ihrer eigenen Klarheit geht es in erster Linie darum, sich selbst zu verdeutlichen, was in Ihnen vorgeht. Der Impuls, die Unruhe, die Müdigkeit oder das Unbehagen, das Sie wahrnehmen – was ist das? Erkennen Sie diesen Zustand wieder? Beinhaltet er irgendwelche Gedanken? Wie beeinflussen diese Sie?

Zum Trainieren können Sie sich jeden Tag hinsetzen und nachspüren. Mit Geduld und Neugierde werden Sie zu Klarheit gelangen. Versuchen Sie nicht, sich krampfhaft in den Zustand der Klarheit zu denken. Stellen Sie sich lieber vor, etwas zu lauschen, was langsam näher kommt: „Was wünsche ich mir, was fühle ich und was denke ich?“

### Übung

Gute Trainingsthemen für Klarheit sind:

- Welches Gefühl oder Bedürfnis versucht, Ihre Aufmerksamkeit zu erlangen?
- Haben Sie an etwas gedacht, was Ihnen ein unbehagliches Gefühl bereitet oder Erinnerungen hochkommen lässt?
- Versuchen Sie, Klarheit darüber zu erlangen, welche Gedanken für gewöhnlich Unbehagen auslösen, speziell in Form von Selbstkritik, Verlegenheit und schlechtem Gewissen.
- Tun Sie zu viel von etwas, und erleben Sie dadurch Unwohlsein?
- Versuchen Sie Klarheit darüber zu erlangen, inwieweit alte Verhaltensweisen es sowohl Ihnen selbst als auch Ihrer Umgebung schwer machen, zu verstehen, wie es Ihnen geht und was Sie brauchen.
- Welchen Gefühlen verleihen Sie normalerweise zu wenig Ausdruck?
- Welche Bedürfnisse drücken Sie zu selten oder nur indirekt aus?
- Wovon können Sie mehr tun, damit es Ihnen besser geht?

Klarheit beinhaltet sowohl innere als auch äußere Klarheit darüber, was um Sie herum und mit Ihnen geschieht. Äußere Klarheit setzt neben der Fähigkeit, den anderen zu verstehen, ebenfalls voraus, dass Sie gut im Kommunizieren sind und den Mut haben, die Richtigkeit Ihrer Annahmen zu überprüfen.

Ihre Klarheit wird am häufigsten durch automatische zensierende Gedanken gestört. Deshalb ist es eine wichtige Übung, eine Liste mit typischen zensierenden Gedanken in Ihrem Trainingsbuch anzulegen („Man kann doch nicht einfach …“, „Das passt jetzt nicht …“). Sie haben sicherlich viele automatisierte Regeln dafür, was man müsste, sollte oder könnte. Notieren Sie einige davon, denn auch sie tragen zur Störung Ihrer Klarheit bei („Irgendjemand muss das ja schließlich machen …“, „Man sollte Rücksicht nehmen …“).

## Training neuer Aktivitäten

Auf den vorherigen Seiten haben wir gezeigt, dass Ihr Inneres und Ihr Äußeres übereinstimmen müssen, damit Sie im Gleichgewicht sind. Das bedeutet, dass Sie neue Fähigkeiten trainieren müssen, damit Ihr Äußeres in Harmonie zu dem kommt, was in Ihnen passiert. Das kann alles sein, von der Art und Weise, wie Sie handeln, sich bewegen, den Abstand zwischen sich und anderen bestimmen, bis hin zu Details in Ihrer Körperhaltung, die zusammen Ihre Körpersprache ergeben – wie Sie stehen, wie Sie gestikulieren, Ihre Mimik und nicht zuletzt Ihr Blick. Aktivität hat auch damit zu tun, wie Sie sich kleiden, schminken, mit Hygiene, Frisur, Kleidung und Farben. Es ist wichtig, dass Sie sich erlauben, von anderen zu lernen oder jene zu kopieren, die das können, worin Sie selbst nicht so gut sind. Denken Sie daran, dass Sie beim Training von Aktivität nur Ihre Körpersprache

**Beim Training neuer Aktivitäten geht es um Ihre Körpersprache, nicht um Worte.**

ohne Worte trainieren. Worte trainieren Sie im Zusammenhang mit der Ausdrucksform.

*Stellen Sie sich einen jungen Mann vor, der das Bedürfnis hat, gesehen zu werden. Was kann er tun, um das zu erreichen? Er muss sich sichtbar machen! Er muss sich auffällig kleiden, Farben oder einen Kleidungsstil wählen, der ins Auge fällt, er muss Raum einnehmen, mehr gestikulieren, mit einer Körperhaltung dastehen, die zeigt, dass er da ist, er muss üben, andere direkt anzuschauen. Vielleicht muss er seinen Bart stutzen und sein Haar schneiden lassen, sollte seine Mimik dadurch eingeschränkt sein, oder seine Brille gegen eine neue eintauschen, falls seine Augen durch die alte schlecht sichtbar sind. Falls er nicht recht weiß, wie er das hinbekommen soll, kann er sich Rat bei anderen holen, die sich mit Kleidung und Farben auskennen, und er kann vor dem Spiegel einen direkteren Blick trainieren.*

### ||| Übung

Beginnen Sie vor dem Spiegel über ein Thema zu sprechen, ohne sich im Geringsten zu bewegen: Stehen Sie steif da, starren Sie auf den Boden, verzichten Sie auf Ihre Mimik, verschränken Sie die Arme, sprechen Sie mit monotoner tiefer Stimme, und spüren Sie, wie sich das anfühlt. Nach ein paar Minuten tun Sie das Gegenteil: Nutzen Sie Ihren Blick aktiv, stellen Sie sich vor, dass Sie all Ihre Zuhörer sehen und Blickkontakt mit hnen aufnehmen. Übertreiben Sie Mimik und Gestik, als seien Sie Italiener oder

Lateinamerikaner. Laufen Sie umher, während Sie mit hoher Stimme und dramatischem Tonfall sprechen. Übertreiben Sie gewaltig. Versuchen Sie, den Unterschied wahrzunehmen! Welche der beiden Varianten gibt Ihnen das Erlebnis größter Lebendigkeit? Versuchen Sie das mehrere Male. Mit der Zeit, wenn Sie ein bisschen mehr Übung haben, können Sie das Training auf Situationen mit Freunden, in einem Geschäft oder am Arbeitsplatz ausweiten.

Trainieren Sie, verschiedene Gefühle mit Ihrem Gesichtsausdruck zu artikulieren, besonders diejenigen, die Sie nicht gewohnt sind oder die Sie als peinlich empfinden. Beginnen Sie vor dem Spiegel, bevor Sie unter Menschen trainieren. Legen Sie zunächst die Stirn in Sorgenfalten und denken an etwas Trauriges. Trainieren Sie, wütend und bestimmt auszusehen, als wollten Sie ein kräftiges Nein von sich geben. Lassen Sie Ihr Gesicht Freude und Enthusiasmus ausdrücken, während Sie an etwas denken, das Sie mögen. Setzen Sie Ihren ganzen Körper ein! Stehen und gehen Sie wie eine wütende Person, hüpfen und springen Sie, als seien Sie froh, gehen und stehen Sie wie eine traurige Person.

Denken Sie daran, dass die Art und Weise, wie Sie sich kleiden, ebenfalls Trainingsmöglichkeiten bietet. Versuchen Sie, Ihre alten Beschränkungen in Ihrem Kleidungsstil abzulegen. Kleiden Sie sich sexy, schlampig, erwachsen, langweilig, stilvoll, durchsetzungsstark, kindlich, probieren Sie auch mehr oder weniger Farben aus als gewöhnlich. Sie werden schnell erkennen, wie es um Sie steht. Probieren Sie auch Frisuren und Brillen aus und vor allem: Bitten Sie Ihre Freunde um ein Feedback!

## Training neuer Ausdrucksformen

Der andere wichtige Teil der äußeren Dynamik ist die Ausdrucksform. Sie gehört zur Aktivität wie die Hand in den Handschuh und hat die Funktion, den äußerlichen Ausdruck eines Menschen zu formen. Ausdrucksform besteht, wie bereits beschrieben, aus einer Reihe von Fähigkeiten. Diese sind ganz konkret und von Ihrem Stimmgebrauch unabhängig: Wie klar, offen und deutlich oder unklar drücken Sie sich aus? Erreichen Sie eine Übereinstimmung zwischen Ihrem Inneren und der Intonation und Intensität in Ihrem Ausdruck? Haben Sie die Fähigkeit, das gesamte Spektrum an Gefühlen auszudrücken, damit Sie Ihre Botschaften so kommunizieren, wie Sie es wünschen?

**Benutzen Sie genügend Lautstärke und Kraft, um gehört zu werden?**

*Zurück zu dem jungen Mann, der sich sichtbar machen wollte. Er begann das lautere Sprechen zu trainieren. Erst allein im Auto, im Wald und vor dem Badspiegel. Danach übte er, sich persönlicher auszudrücken, in der Ichform zu sprechen, auszusprechen, was er wünschte, meinte und fühlte, und arbeitete aktiv daran, sowohl im Job als auch privat, seine Meinung zu sagen.*

Denken Sie daran, dass Sichtbarkeit etwas ist, was Sie sich selbst erschaffen, und nicht etwas, was Sie von anderen bekommen! Wenn derjenige, von dem Sie sich wünschen, dass er Sie sieht, nach Ihrer Veränderung noch immer nicht reagiert, ist es möglicherweise sein Problem. Sie haben Ihren Teil getan und werden sich sicherlich anders fühlen.

Um Nutzen aus dem Training ziehen zu können, müssen Sie konkret werden. Sie sollten sich mindestens einen Monat lang täglich Zeit nehmen, um vor dem Spiegel zu trainieren. Sie können wie unser junger Mann im Wald, im Auto oder an anderen eher neutralen Orten üben.

### Übung

- Flüstern Sie, sprechen Sie ein wenig lauter, sprechen Sie sehr laut und schreien Sie, so laut Sie können. Wie erleben Sie den Unterschied?
- Sagen Sie einen Satz mit gleichem Inhalt, beispielsweise „Das ist deine Schuld!“ in unterschiedlichem Tonfall. Was verändert sich dadurch?
- Verändern Sie die Lautstärke. Verändern Sie das Gefühl in der Stimme. Merken Sie, wie sich der Ausdruck verändert, obwohl der Inhalt derselbe bleibt?
- Legen Sie die Stirn in Falten und denken an etwas Trauriges. Sprechen Sie über etwas Trauriges mit der traurigsten Stimme, die Sie haben.
- Gucken Sie wütend und bestimmt, als wollten Sie ein kräftiges Nein ausdrücken, und nehmen Sie dann Ihre Stimme hinzu. Sprechen Sie laut, klar und deutlich und sagen Sie: „Nein, ich will nicht!“
- Zeigen Sie Freude und Enthusiasmus in Ihrem Gesichtsausdruck und sprechen Sie über etwas Angenehmes. Verwenden Sie Ihren fröhlichsten Tonfall, lachen und genießen Sie.
- Denken Sie an etwas Erschreckendes und schreien Sie vor Angst um Hilfe.

Das sind einige Beispiele, die Sie trainieren können, aber Ihnen fallen bestimmt noch weitere ein. Nutzen Sie die Chance und üben Sie zu Hause. Wenn Sie mit der Zeit das Gefühl haben, dass es gelingt, können Sie beginnen, im Kontakt mit anderen Menschen zu trainieren. Haben Sie den Fortschritt im Blick und beginnen Sie mit realistischen, kleinen Schritten. Suchen Sie sich etwa zwei Situationen pro Woche, in denen Sie sich hinsetzen, deutlich und persönlich sind und mit lauter Stimme und gutem Blickkontakt sprechen. Nach einem Monat können Sie das Training ein wenig steigern, sowohl hinsichtlich der Schwierigkeit als auch der Häufigkeit.

**Ohne Ausdauer erreichen Sie keine Erweiterung Ihres Repertoires.**

Sie müssen auch Ihre Kommunikationsfähigkeiten, die wir bereits besprochen haben, täglich trainieren, um weniger Missverständnisse, mehr Kontakt und ein besseres Verhältnis zu Ihrem Umfeld zu erleben.

## Trainieren Sie spezielle Arten, sich auszudrücken

Wenn Sie Probleme haben, bei Uneinigkeit Ihre Meinung zu sagen, um Hilfe zu bitten, Nein zu sagen oder Gespräche zu beenden, kann es eine sinnvolle Übung sein, einige Alternativen auf einem Zettel zu notieren und diesen im Portemonnaie oder neben dem Telefon liegen zu haben. In den meisten Situationen ist es das Beste, eine höfliche und freundliche, aber bestimmte Form der Kommunikation zu wählen.

- Ich muss jetzt leider aufhören.
- Das passt nicht.
- Wir machen das ein anderes Mal.

Es ist wichtig, nicht in eine Diskussion einzusteigen, die lediglich alte Muster zementiert. Nehmen Sie sich vor Ködern in Acht, die Ihnen vor die Nase gehängt werden – im Ergebnis können Sie sich dann fühlen wie ein Fisch an Land. Vermeiden Sie, anzubeißen, indem Sie beispielsweise sagen:

- Hast du noch etwas auf dem Herzen?
- Du kannst es gerne sagen.
- Wir sind offenbar anderer Meinung und das ist okay.
- Du hast aber viele Ansichten.
- Dazu habe ich keine Meinung.
- Daran bin ich nicht sonderlich interessiert.

Nehmen Sie sich Zeit, einige Vorschläge aufzulisten, wie Sie sich aus dieser Situation befreien können, lassen Sie sich dabei von einem Ihrer Freunde helfen.

## Harmonie der Schlüssel

Gute Kommunikation funktioniert dann, wenn beide Kommunikationspartner sich auf der äußeren Ebene so deutlich wie möglich äußern. Je besser Sie Ihr Inneres verstehen, desto besser sind Ihre Möglichkeiten, sich klar auszudrücken, desto höher ist auch die Kontaktwahrscheinlichkeit mit dem Gegenüber und umgekehrt.

Die vier Schlüssel bilden die Grundlage einer guten Kommunikation, die Ihnen zu gesteigertem Wohlbefinden und weniger Missverständnissen im Alltag verhilft. Ziehen Sie eine klare Trennlinie zwischen sich und Ihrem Gegenüber. Diese Linie ist vergleichbar mit einem Netz auf einem Tennisplatz, das die zwei Spieler voneinander trennt. Beide müssen auf ihrer Hälfte des Platzes bleiben.

Dieser Vergleich mit einem Tennisspiel macht deutlich, dass beide eine persönliche Verantwortung tragen, so gut zu spielen, wie sie können. Ich sorge dafür, bestmöglich zu kommunizieren, bestmöglich zu loben, aber auch alles mir Mögliche zu tun, um meine Bälle so effektiv und gut wie möglich zu platzieren.

**Geben Sie Ihr Bestes – wie ein Tennisspieler.**

Indem beide ihr Bestes geben, wird es ein gutes, aber nicht unbedingt leichtes Spiel werden. Der Unterschied zwischen einem Tennismatch und einem guten Dialog ist jedoch, dass es bei Letzterem zwei Gewinner und keinen Verlierer gibt.

Um Kommunikation zu verdeutlichen, muss man einen klaren Absender und einen klaren Empfänger haben: „Ich spreche mit dir!“ Es ist wichtig, den Fokus auf die Ichform zu legen, da die allgemeinen Formen – man, jemand und du – unpersönlich und ungenau sind.

Allzu viele berücksichtigen in ihren Mitteilungen viel zu stark, was die anderen ihrer Meinung nach denken und wie andere ihrer Meinung nach reagieren werden. Bei einigen führt dies dazu, dass sie sich selbst völlig zurücknehmen. So entwickelt sich aus sogenannter Rücksicht auf die anderen – das bedeutet in erster Linie mit Rücksicht auf die eigenen Gedanken – ein chronisches Ungleichgewicht zwischen dem Inneren und dem Äußeren. Dies führt zu wiederholten Missverständnissen und einem Kontaktdefizit. Diese Kommunikationsmuster sind erlernte Anteile automatisierter Lebensstrategien, zu denen viele reflexhaft Zuflucht nehmen.

Auf der anderen Seite hat der Mensch die Tendenz, von seiner Umgebung zu erwarten, dass sie den gleichen Regeln folgt wie er selbst. Er versucht, seiner Umwelt die gleichen Einschränkungen aufzuzwingen, mit denen auch er leben muss. Wie würde der Partner in einem Tennismatch wohl reagieren, wenn Sie auf seine Seite des Netzes gingen und sagten: „Wenn ich mit dir spielen soll, dann musst du den Ball so und so schlagen, den Schläger so und so halten. Wenn du es nicht tust, kann ich nicht spielen."

Es gibt einen inneren dynamischen Zusammenhang zwischen den Schlüsseln; sie beeinflussen sich gegenseitig. Haben Sie beispielsweise viele Impulse, also Bauchgefühle, aber nur wenig Klarheit über deren Ursprünge, so versuchen Sie eventuell, dieses auftretende Unbehagen in einem wenig zielgerichteten Verhalten auszuleben. Hohes Tempo, viel Arbeit, Training oder eine starke Aufräumwut sind Beispiele hierfür. In diesem Fall sollten Sie Ihre Aktivitäten stoppen. Dies wird zu erhöhtem Impulsdruck führen, Ihnen aber auch die Möglichkeit geben zu verstehen, welches Bauchgefühl sich dort aufdrängt, und darüber Klarheit zu gewinnen. Außerdem sollten Sie darüber sprechen, was mit Ihnen passiert. Die Möglichkeit, darüber zu sprechen, sich zu wundern und nachzuspüren, was passiert, wird größere Klarheit schaffen.

Sie haben Ihre Aktivität verringert (beispielsweise Ihre Aufräumwut) und die Ausdrucksform (in Form eines Gespräches) gesteigert. Das hat hoffentlich zu mehr Klarheit und zu einem verminderten Impulsdruck geführt.

Wenn Sie bei den ersten zwei Schlüsseln (also Impuls und Klarheit) ein hohes Niveau erreicht haben, das Niveau bei den äußeren Schlüsseln Aktivität und Ausdrucksform aber noch immer niedrig ist, besteht keine Harmonie zwischen Ihrem Inneren und Ihrem Äußeren. Sie fühlen sich eher wie ein Schnellkochtopf, angespannt, ohne Kontakt, vielleicht erschöpft und unzufrieden. Sie fühlen sich gestresst und unwohl und haben das Gefühl, mit der Situation nicht fertig zu sein.

**Ohne Harmonie zwischen den Schlüsseln entsteht ein Druck wie im Schnellkochtopf.**

*Eine typische Situation dieser Art könnte sein: „Ja, ich fühlte, dass ich nach einer groben Bemerkung ziemlich traurig wurde. Mit der Zeit war ich auch genervt und wütend und hatte das Bedürfnis, die betreffende Person mit meinen Gefühlen und meinen Ansichten zu ihrem Verhalten zu konfrontieren. Als ich das verstand, fand ich jedoch, dass es ein wenig peinlich und unangenehm wäre, im Nachhinein zu reagieren. Daher zog ich mich lieber zurück (niedriges Aktivitätsniveau) und sagte nichts (keine Ausdrucksfähigkeit). Ich trug es lieber mit mir herum. Auf diese Art und Weise kam es zu keinem Kontakt, und ich hatte noch lange an dem Thema zu knabbern."*

Oft ist das kein Einzelfall, sondern ein sich wiederholendes Muster. Sie können die Energie und die vielen Gedanken nicht loswerden und entwickeln negative Gefühle gegenüber Ihrer Umgebung. Dies ist eine typische Art und Weise, Feindbilder zu erzeugen und Abstand zu halten, anstatt Kontakt herzustellen. Die Impulse wurden erkannt, aber die Handlungen, die den Impuls nach außen übersetzen, nicht ausgeführt. Einsicht und Verständnis reichen nicht aus, es bedarf der Handlung, damit das Äußere das Innere widerspiegelt.
Was können Sie ändern? An welchen Schlüsseln können Sie arbeiten? Wie würde es das Verhältnis zwischen den inneren und den äußeren Schlüsseln beeinflussen?

## Wie können Sie gut und richtig kommunizieren?

Im Folgenden finden Sie eine Reihe von Fähigkeiten, die die Grundlage für eine gute Kommunikation bilden. Sie können diese regelmäßig trainieren. Das Ergebnis werden weniger Missverständnisse, mehr Kontakt und ein besseres Verhältnis zu Ihrem Umfeld sein. Wenn Sie es schaffen, diese Fähigkeiten zu trainieren und anzuwenden, wird Ihnen das ein Gefühl der Zufriedenheit geben. Die Fähigkeiten sind universell und können mit Konditionstraining oder Grundlagentraining verglichen werden. Sie werden sie immer nutzen können, sie aber auch regelmäßig pflegen müssen.

**Kommunikation muss regelmäßig gepflegt und trainiert werden.**

Trainieren Sie Ihr Verhältnis zu neuen Situationen und neuen Personen! Machen Sie Fortschritte? Sind Sie so weit fortgeschritten, dass Sie Ihre Trainingsintensität steigern können, um weitere Fortschritte zu machen? Wir empfehlen Ihnen, ein Trainingsbuch darüber zu führen. Darin können Sie Ihre Fortschritte dokumentieren.

## Ein klarer Absender und ein klarer Empfänger

Die erste Fähigkeit für eine gute Kommunikation lautet, von sich selbst zu sprechen und nicht vom anderen. „Ich spreche mit dir" bedeutet, einen klaren Absender zu haben, anstatt Formen wie „man", „jemand" oder „du" zu benutzen. Lösen Sie sich von der Duform, sprechen Sie in der Ichform. Es geht darum, persönlich zu sein und als individuelle Persönlichkeit wahrgenommen zu werden.
Ebenso wichtig ist es, einen klaren Empfänger zu haben: „Ich spreche mit dir", „Ich meine dich" anstelle genereller Aussagen wie „einige" oder „viele". Eine Aussage wie „Es ist so schwierig, hier zu Wort zu kommen" oder „Es gibt einige, die immer dominant sein müssen!" sind Beispiele für Aussagen mit unklarem Empfänger. Oft rufen sie Unbehagen bei den anderen hervor.

## Ein Vorwurf ist nur die halbe Wahrheit

Kritik, Vorwurf und Schuldzuweisung sind normale Mechanismen. Doch Vorwürfe und Tadel sind häufig der Grund dafür, dass es Ihnen schlecht geht. Typische Ausdrucksweisen wie „Hättest du nur …“ oder „Wenn du doch bloß …“ haben auch zur Folge, dass Sie sich abhängig und hilflos machen. Dann müssen Sie darauf warten, dass der andere sich verändert, wenn Sie glücklich werden wollen. Anstatt vorwurfsvoll zu sein, könnten Sie sich nach den Hintergründen für Ihr vorwurfsvolles Verhalten fragen.

Welche Bedürfnisse, welche Gefühle und welche Meinungen habe ich eigentlich? Wenn Sie dem nachspüren, werden Sie erkennen, dass der Vorwurf zur Hälfte das ausdrückt, was Sie selbst meinen. Es ist wichtig, statt über Vorwürfe lieber über die eigenen Bedürfnisse zu sprechen. Das ist natürlich schwieriger und macht verletzlicher, als wenn man dem anderen die Schuld gibt.

Wenn Ihr Inneres und Ihr Äußeres in Harmonie sein sollen, müssen Sie zu Ihrer Hälfte Ihres Spielfeldes zurückkehren und sich auf Ihre eigene Verwundbarkeit konzentrieren. Nehmen Sie sich nicht genügend Raum? Indem Sie in sich gehen und den Mut zum Nachspüren haben, verschaffen Sie sich die Möglichkeit, mit dem Training zu beginnen und sich zu fragen, was so schwierig daran ist, Ihre eigenen Themen zu formulieren.

**Konzentrieren Sie sich auf Ihre eigene Verwundbarkeit!**

Auf diese Weise können Sie zufriedener, toleranter und anerkennender denen gegenüber werden, die anders sind als Sie. Wie sieht es in Ihnen aus, und welche Gefühle haben Sie selbst unterdrückt? Dadurch werden Sie wachsen und Klarheit erhalten. Um sich selbst kennenzulernen, ist es wichtig, sich alle Menschen anzuschauen, auf die Sie reagieren. Oft bemerken Sie Seiten an ihnen, die Sie bei sich selbst nicht akzeptieren.

## Überprüfen Sie Ihre Vorstellungen

Nun wollen wir einen der gängigsten Mechanismen für Missverständnisse und schlechte Kommunikation betrachten. Sie haben viele Vorstellungen über andere Menschen. Oft trauen Sie sich nicht, sie zu formulieren oder zu überprüfen, ob sie stimmen. Sie gehen automatisch davon aus, dass sie stimmen und die Welt so ist, wie Sie meinen. Sie übertragen Meinungen, Fantasien und Vorstellungen auf andere und verhalten sich, als seien diese wahr. Das geht beinahe immer schief.

Wenn Sie derartige Fantasien haben, sollten Sie die Gedanken im nächsten Schritt ans Tageslicht bringen. Bedienen Sie sich einer künstlichen Art zu sprechen: „Ich bekomme den Eindruck, dass du …" Das macht deutlich, dass es Ihre eigenen Gedanken sind, über die Sie sprechen. Bevor Sie diese aussprechen, weiß niemand davon. Sobald Sie diese ausgesprochen haben, stimmt das Innere mit dem Äußeren überein. Gehen Sie zu dem Betreffenden hin und sagen Sie: „Ich habe den Eindruck, dass du … Ist das richtig?" Diese drei kleinen Worte – „Ist das richtig" – machen den Unterschied. Damit sind Sie ein Risiko eingegangen und haben etwas formuliert, was verletzlich macht. Sie geben zu, dass Sie solche seltsamen Gedanken haben, und geben dem anderen die Möglichkeit, diese Gedanken kennenzulernen.

**Das Eingestehen von Fantasien macht verletzlich.**

*Eva fragte sich seit Längerem, ob Axel sie eigentlich noch liebte. Dennoch hatte sie sich nicht getraut, ihn mit dieser Frage zu konfrontieren. Mit der Zeit wurden diese Fantasien jedoch so unangenehm, dass sie eines Abends bei einem Glas Rotwein ihren ganzen Mut zusammennahm und sagte: „Axel, ich habe seit einiger Zeit den Eindruck, dass du mich nicht mehr liebst. Stimmt das?“ Axel, ein wenig überrumpelt, antwortete: „Wie kommst du darauf?“ Eva erwiderte: „Ich habe immer häufiger darüber nachgedacht. Einer der Gründe ist, dass du dich meiner Ansicht nach weit von mir entfernt hast, dich nur um deine eigenen Dinge gekümmert hast und keine Zeit für mich hast. Deshalb glaube ich, dass du nicht mehr so viel Interesse an mir hast wie früher. Jetzt möchte ich wissen, ob das stimmt.“ Da hellte sich Axels Gesicht auf: „Nein, das ist nicht richtig. Aber es stimmt, dass ich in jüngster Zeit etwas fern und abwesend gewesen bin. Ich habe sehr viel über meine Arbeit und die vielen Probleme nachgedacht, die ich habe. Aber ich habe dich nicht damit behelligen wollen, weil ich Sorge hatte, es würde dich zu sehr belasten. Übrigens: Stimmt das?“ Eva antwortete: „Nein, das stimmt nicht. Ich würde mir wünschen, dass du mit deinen Sorgen zu mir kommst, auch wenn sie die Arbeit betreffen, denn dann könnte ich dir helfen, wäre mir gleichzeitig deiner sicherer und müsste mir nicht so viele Gedanken machen.“*

Eva und Axel klärten zwei wichtige Dinge: Sie entwickelte die Vorstellung, er liebe sie nicht mehr, er entwickelte Fantasien, er dürfe sie nicht mit seinen Themen belasten. Beides war falsch und resultierte in Abstand anstatt in Kontakt. Indem sie ihre Gedanken aussprechen, haben beide eine reale Möglichkeit zu reagieren. Natürlich kann es passieren, dass der andere eine Antwort gibt, die nicht wahr ist. „Jetzt habe ich das Gefühl, dass du das, was du sagst, nicht wirklich meinst, ist das richtig?“ Oder: „Ich habe das Gefühl, du lügst, stimmt das?“ Sagt der andere dann: „Nein, das stimmt nicht“, müssen Sie ihm das leider glauben und das Thema beenden. Wenn Sie ihm jedoch in Ihrem Innersten nicht glauben, werden Sie nicht aufhören, sich Gedanken zu machen. Früher oder später müssen Sie sich entscheiden, ob Sie das glauben, was der andere sagt, oder Ihren eigenen Gedanken und Fantasien vertrauen sollen.

Damit es nicht so weit kommt, empfehlen wir Ihnen, so oft wie möglich zu üben, Ihre Fantasien zu überprüfen. Denken Sie daran zu fragen: Ist das richtig? Es wird den Kontakt verbessern und Missverständnisse reduzieren.

## Feedback ist Gold wert

Wenn es um Rückmeldungen anderer Menschen geht, beginnt man schnell, sich zu verteidigen, verschließt sich oder ignoriert die erhaltenen Informationen. Dennoch: Feedback ist Gold wert, und zwar ungeachtet des Inhaltes. Das ist vielleicht schwer zu verstehen, aber wir spiegeln uns in unserer Umgebung, und ohne Rückmeldungen bewegen wir uns in einem Vakuum.

Die schockierendsten Rückmeldungen sind oft jene, die Seiten an Ihnen ansprechen, die Sie selbst nicht sehen wollen. Sie haben sicherlich schon eine Situation erlebt, in der Sie irgendeine Rückmeldung bekommen und dann geantwortet haben: „Nein, nicht ich bin so, sondern du", und so geht die Diskussion dann unendlich weiter. Es ist nichts weiter als eine Verteidigung, um der Auseinandersetzung mit den eigenen Schwächen zu entgehen, da Sie das als verletzend und unangenehm empfinden. Versuchen Sie lieber zu sagen: „Danke, erzähle mir mehr darüber", und lassen Sie die Rückmeldungen bei Ihnen ankommen, auch wenn Sie nicht unbedingt derselben Meinung sind. Sie hören zu, lassen es bei sich ankom-

**Ohne Feedback bewegen wir uns in einem Vakuum.**

men, nehmen es wahr und verdauen es. Je besser Sie zuhören, desto besser werden Sie in der Lage sein, zu trennen, woraus Sie wirklich etwas lernen sollen und was nur der Fantasie des Gegenübers entspringt. Je mehr übereinstimmende Rückmeldungen Sie allerdings von unterschiedlichen Personen bekommen, desto eher sollten Sie diese auch ernst nehmen.

All den Menschen, die Rückmeldungen nicht annehmen oder akzeptieren möchten, erzählen wir gern die Geschichte vom Pferd und vom Hafer:

*Sagt Ihnen jemand, Sie sähen einem Pferd ähnlich, müssen Sie das nicht ernst nehmen. Sind es fünf Leute, die das behaupten, können Sie anfangen zu zweifeln, sind aber 50 dieser Meinung, können Sie beginnen, Hafer zu essen.*

Der Welt mit dem Satz zu begegnen „Lass mich mehr darüber hören", birgt also ein großes Lernpotenzial. Es ist ein Weg, die Meinungen anderer hinzunehmen, ohne zwingend der gleichen Meinung zu sein, sich darauf einzustellen oder zu unterwerfen. Wenn Sie etwas daraus lernen können, ist das wunderbar. Sie gehen nicht sofort in Abwehr und sind bereit, etwas über sich zu lernen, und Sie sind in der Lage zu trennen, was zu Ihnen gehört und was zum anderen. Eine solche Kommunikationsweise wird in einer Beziehung in hohem Maße den Kontakt fördern und festgefahrene, negative Situationen verhindern.

## Spiegeln Sie Ihr Gegenüber

Eine weitere wichtige und wesentliche Kommunikationsfähigkeit ist die bestmögliche Spiegelung des Gegenübers. Missverständnisse und Streitigkeiten entstehen oft, weil Menschen aneinander vorbeireden und fehlinterpretieren, was der andere sagt. Oft fokussiert man weniger auf die Intention der Botschaft, sondern verstrickt sich in den

Details und hält damit die nachlassende Kommunikation in Gang. Eine gute Methode, dies zu verhindern, ist das aktive Zuhören, das aus zwei Schritten besteht: Im ersten Schritt geht es darum, sich so hinzusetzen, wie der andere es tut, oder zu versuchen, die Körpersprache des anderen zu imitieren. Das bewirkt beim anderen das Gefühl, verstanden und gesehen zu werden. Gleichzeitig kann der Zuhörer sich auf diese Weise besser in den Sprechenden hineinversetzen. Sie können darüber nachdenken, wie Sie selbst sich fühlen, wenn Sie auf diese Weise dasitzen und die gleiche Körperhaltung haben wie Ihr Gesprächspartner.

**Aktives Zuhören dient der Kommunikation.**

Diejenigen, die Kommunikationstechnik beherrschen, machen das automatisch, sodass die Kommunikation entspannt dahinfließt. Für die anderen ist das nicht so leicht, sie müssen diese Fähigkeiten bewusst entdecken und trainieren.

Zusätzlich zu diesem nonverbalen (nicht sprachlichen) Spiegel können Sie auch den Inhalt dessen spiegeln, was der andere sagt. Beginnen Sie mit den Worten: „Habe ich dich richtig verstanden, wenn du meinst …?“ Auf diese Weise wiederholen Sie das, was Sie verstanden haben. Oft sind wir überrascht, wenn der andere entgegnet: „Naja, das war nicht wirklich das, was ich gesagt habe.“ Sie haben das Gesagte durch Ihre eigene Brille subjektiv gedeutet und

**Durch das Widerspiegeln fühlt sich Ihr Gegenüber verstanden.**

dadurch eine Auffassung von der Situation, die nicht mit dem übereinstimmt, was der andere ausdrücken wollte. Wenn Sie diese Antwort erhalten, sollten Sie fragen: „Was hast du denn dann gemeint?"
Der andere wird das Gesagte wiederholen, und Sie können es erneut versuchen: „Habe ich es jetzt richtig verstanden?" und erneut das von Ihnen Verstandene wiederholen. Wenn der andere sich gehört und verstanden fühlt und mit Ihnen übereinstimmt, wird die Antwort lauten: „Ja, genau das meinte ich. Jetzt hast du mich richtig verstanden." Die Erfahrung, verstanden zu werden und Missverständnisse zu vermeiden, gibt einem ein gutes Gefühl und vertieft den Kontakt. Das können Sie in Ihrer Beziehung zu Ihrem Partner, Ihren Freunden oder anderen trainieren, und das Ergebnis wird Sie verblüffen. Leicht ist es nicht, aber mit konstanter Übung wird es funktionieren. Hilfreich ist hier das Wissen um einige Fallen, in die Sie in diesem Zusammenhang nicht tappen sollten.

## Vermeiden Sie Schuldzuweisungen

Eine Falle sind Schuldzuschreibungen, die auf Gefühlen basieren. „Ich fühle, dass du mich nicht magst." Wie kann man das fühlen? Was sollen Sie darauf antworten? Sie können natürlich entgegnen, das stimme nicht, aber der andere kann weiterhin behaupten, er oder sie sei so sensibel, dass er „so etwas" einfach merke. Das ist eine unangenehme Art, anderen negative

**Schuldzuweisungen sind verantwortungslos.**

Gefühle oder Aggressivität zu unterstellen, meistens passiert das aufgrund eigener Negativität oder Wut. Es ist zwar üblich, so zu reden, aber falsch. Indem man Gefühle heranzieht, wirkt eine Aussage wahr und richtig, während es eigentlich um eigene Gedanken über das Gegenüber geht. „Du schaffst es, dass ich mich dumm fühle.“ Niemand kann so etwas erreichen, wenn Sie nicht in irgendeiner Art und Weise das Gleiche denken. Diese Art der Kommunikation ist verantwortungslos, aber ein effektives Machtwerkzeug. Kommuniziert der andere stattdessen seine Gedanken, liegt die Verantwortung an der richtigen Stelle: „Ich habe den Eindruck, du magst mich nicht, und dieser Gedanke macht mich sehr traurig.“ Damit machen Sie deutlich, dass die Gefühle im Zusammenhang mit Ihren Gedanken entstehen und nicht vom anderen kommen.

## Die Fähigkeit des Zuhörens

Es ist sehr wichtig, aktiv zuhören zu können und den Zustand und das Tempo des Gegenübers zu registrieren, indem Sie vermitteln, dass Sie ihm verstehen und ihm weiterhin folgen. Dadurch fühlt sich der Erzählende verstanden und ist darauf eingestellt, Sie zu verstehen. Beim Zuhören sollten Sie keine passive Rolle einnehmen, in der Sie dasitzen und nicken, während Ihre Gedanken ganz woanders sind. Ganz im Gegenteil: Zuhören ist ein aktiver, empathischer und reagierender Prozess, der ein hohes Maß an Konzentration erfordert.

**Durch aktives Zuhören fühlt sich der andere verstanden.**

Dann werden Sie einen guten Dialog erreichen. Denken Sie daran, dass wir uns bisher nicht damit auseinandergesetzt haben, wie unsere Umgebung oder das Gegenüber auf unsere Ausdrucksweise reagiert und antwortet.
Der gesamte Prozess, über den wir bisher gesprochen haben, findet in uns selbst statt und handelt von uns, nicht von unserer Umgebung. Selbst Verantwortung zu übernehmen, bedeutet also in diesem Zusammenhang auch, auf sich selbst aufzupassen, die Fähigkeit zum Zuhören anzuwenden und darauf zu achten, sich so verständlich wie möglich auszudrücken. Dann haben Sie alles getan, um Ihre Kontaktfähigkeit zu optimieren. Das ist ein grundlegendes Fundament für ein richtiges und gutes Leben, in dem Sie den Kontakt aufbauen können, den Sie sich wünschen, und dadurch zufrieden werden.

### Übung

- Machen Sie aktiv Gebrauch von den besprochenen Kommunikationswerkzeugen! Nicht das, was Sie glauben, dass andere denken, ist wichtig, sondern das, was diese sagen und wie sie handeln.
- Seien Sie persönlich, sprechen Sie in der Ichform. Trauen Sie sich zu sagen „Ich finde", „Ich will". Seien Sie deutlich!
- Verwenden Sie nicht man, jemand und du!
- Benutzen Sie einen klaren Absender, einen klaren Empfänger und guten Blickkontakt. „Ich spreche mit dir."

- Übernehmen Sie die Verantwortung, seien Sie persönlich in der Kommunikation. Zeigen Sie nach außen, was Sie im Inneren fühlen. Sagen Sie, was Sie brauchen.
- Bleiben Sie auf Ihrer Hälfte des Spielfeldes! Sprechen Sie über sich.
- „Erzähle mir mehr davon!“ Bitten Sie den anderen, seine Aussage zu konkretisieren.
- Lösen Sie sich von Sätzen, die mit „Ja, aber“ beginnen.
- Aktives Zuhören ist wichtig. Spiegeln Sie den anderen, nehmen Sie teil.
- „Habe ich das richtig verstanden, wenn du sagst ...?“
- Wenn Sie etwas anders verstanden haben, trauen Sie sich zu fragen: „Ist das richtig?“
- Trauen Sie sich, andere Deutungen zuzulassen, wenn Sie glauben, dass man Sie kritisiert.
- Feedback ist Gold wert. Sagen Sie: „Danke, erzählen Sie mir mehr davon“.

# Kapitel 4 Bekämpfen Sie den inneren Widerstand gegen das Üben

## Einleitung

Wenn nicht mehr nötig wäre, als mit dem Üben zu beginnen, und schon würde sich der Erfolg einstellen, dann würden es wohl die meisten tun, sei es für die Psyche oder für den Körper. Körperlich in Form zu kommen, abzunehmen oder neue Fähigkeiten zu erlernen, ist für viele von uns positiv, aber trotzdem schaffen es nur die wenigsten, ihren Lebensstil zu ändern. Das haben Sie sicher selbst schon im Zusammenhang mit Sport erlebt. Wenn wir die Teilnehmer in den psychologischen Trainingsseminaren fragen, ob sie wissen, was sie trainieren könnten, um ihr Wohlbefinden zu steigern, fällt beinahe allen etwas ein, woran sie arbeiten könnten. Gewöhnlich ist es nicht die fehlende Selbsteinsicht oder Fähigkeit, die uns bei der Ausschöpfung unseres Potenzials im Wege steht. Es ist ein uns allen innewohnender Widerstand gegenüber Veränderung. Es hat etwas Unsicheres, über die gewohnten Verhaltensweisen hinauszugehen. Viele

**Oft steht uns der „innere Schweinehund“ im Weg.**

sagen, es fühle sich unnatürlich an, „das bin nicht wirklich ich“. Es ist unangenehm, beinahe so, als bekäme die Identität Risse. Deshalb kehren Sie zurück zum Altbekannten und Sicheren, auch wenn es Ihnen damit nicht gut geht. Das nennen wir Widerstand.
Sie haben sicher selbst mehr oder weniger aktiv und bewusst versucht, alte Verhaltensweisen zu verändern. Entweder wollten Sie nun endlich sagen, was Sie denken, sich zusammenreißen und mehr Verantwortung übernehmen, sich entspannen und anderen das Steuer überlassen oder Grenzen setzen und Nein zu Dingen sagen, zu denen Sie keine Lust haben. Da werden Sie auch auf Ihre inneren Widerstände gestoßen sein, die Ihnen erzählen, wie man sein sollte, wie andere reagieren werden und wie unangenehm es werden wird, wenn Sie sich nicht wie gewöhnlich verhalten. Wir werden uns nun einige Aspekte anschauen, die es uns schwer machen, neue Arten des Verhaltens zu trainieren. Es ist wichtig, dass Sie sich jene Aspekte genauer anschauen, die Sie betreffen.

## Altes Gedankengut

### Fantasien und Bedenken

Fantasien und Bedenken tauchen auf, sobald Sie etwas Neues ausprobieren wollen. Es sind nichts anderes als Gedanken, die Sie selbst haben. Sie bilden die Grundlage für viele Ihrer Einstellungen, Verhaltensweisen, Ideale und

Lebensanschauungen und sind wichtige Elemente des Sozialisierungsprozesses, der das Verhältnis zwischen Ihnen und anderen regelt. Sie laufen mehr oder weniger automatisch ab und sind uns daher oft kaum bewusst.

*Eine Frau hatte gelernt, tüchtig, hart und sportlich zu sein. Sie war so erfolgreich und so hart zu sich selbst, dass sie im Alter von 25 Jahren mit dem Burn-out-Syndrom an ihre Grenzen stieß. Sie begann sich zu fragen, warum sie immer so unglaublich tüchtig und lieb war und es nie schaffte, jemanden zu enttäuschen. Eines Tages, als sie von der Arbeit nach Hause kam, bekam sie Fieber, aber da es ziemlich viel geschneit hatte, fuhr sie zu ihrer Mutter und schippte Schnee in der Einfahrt. Sie tat dies, obwohl ihre Mutter und ihre Brüder, die zu Hause wohnten, in der Lage gewesen wären, Schnee zu schaufeln. Als wir sie fragten, warum sie es nicht einfach gelassen habe, antwortete sie, sie habe ein so schlechtes Gewissen bekommen, dass sie es nicht geschafft habe, es sein zu lassen. So war es immer gewesen.*

Wenn Sie etwas Neues trainieren sollen, müssen Sie sich über den Ursprung der Gedanken, die Ihnen automatisch kommen, im Klaren sein. Dann fällt es Ihnen leichter zu erkennen, dass es sich nur um altbekannte Gedanken handelt und Sie diese durch neue ersetzen können.
Wir entwickeln Ideale, Normen und Zensur in Form von automatischen Gedanken auf der Grundlage dessen, wie wir die Interaktion mit der Umgebung während unseres Heranwachsens gedeutet und verstanden haben. Vielleicht

haben wir sie missverstanden, doch es ist das subjektive Erleben, das uns formt. Wann und wo wir aufwachsen, spielt ebenfalls eine große Rolle. Die Kultur der 1950er-Jahre mit dem Erziehungsstil, den Normen und Werten dieser Epoche unterscheidet sich grundlegend von den „Wahrheiten" der 90er-Jahre. Jemand, der in Rom aufwächst, wird eine andere Erziehung und andere Werte mitbekommen als jemand, der auf einer nordfriesischen Hallig groß wird.

Das Verhältnis der Familie zu Religion, Politik, sozialem Status und Wirtschaft und ihre Zugehörigkeit zur lokalen Gemeinschaft sind ebenfalls Elemente, die unser Verständnis von uns selbst und der Welt formen. Sozial und familiär erlernte Muster werden von unserem Gehirn als wichtige Wahrheiten und Standards gespeichert, die uns zu sozialer Akzeptanz verhelfen und Ärger verhindern. Diese sozial bedingte Wahrheit erhöhen wir oft noch, indem wir sie Gewissen nennen.

Ihre Eltern und andere Erwachsene haben ihre Erwartungen und Lebensweisheiten entweder direkt formuliert oder eher indirekt, indem sie etwa von „einem Vetter aus Buxtehude" sprachen. Die furchtbaren, ungehobelten Söhne der Nachbarn und die arme Mutter, die es deswegen so schwer hat, ist eine andere Variante, in der die Botschaft leicht zu erkennen ist. Interessanterweise erinnern die „Tonbänder" Ihrer Eltern, also die vertonten Lebensweisen, oft an frühere Autoritätspersonen, speziell an Mutter und Vater, aber auch an Geschwister, Lehrer, Nachbarn und Vorbilder.

Die Summe dieser Wahrheiten aus eigenen Wertvorstellungen und aus vergangenen Zeiten entwickelt sich zu Ihren Idealen. Sind Ihre Ideale anfänglich streng, werden sie mit der Zeit vermutlich durch Ihre wachsende Fähigkeit und Erfahrung noch strenger und komplizierter. Der Tonfall dieses inneren Kritikers bleibt häufig gleich und sollte Sie zum Stutzen bringen, bevor Sie die Botschaft kritiklos hinnehmen. Wenn Sie ein neues Verhalten trainieren, müssen Sie folglich damit rechnen, dass diese Wahrheiten Sie zu stoppen versuchen werden.

**Der Tonfall des inneren Kritikers ist immer gleich.**

## Beispiele

Im Folgenden sind einige Beispiele für automatische Gedanken aufgeführt, Lebensregeln oder Wahrheiten, die wir andauernd als Maß dafür benutzen, wie wir uns verhalten sollen. Sie sind sich darüber bewusst, was Sie fühlen, wünschen oder meinen, aber zensieren dies. Sie akzeptieren Ihr Gefühl, den Wunsch oder die Meinung nicht, oder Sie sagen sich, dass andere diese nicht akzeptieren können. Diese Lebensregeln werden oft als allgemeingültige Wahrheiten und Regeln formuliert:

- Man sollte …!
- Man sollte nicht …!
- Man muss …!
- Man darf nicht …!
- Man soll …!
- Man soll nicht …!

- Man sollte lieb, nett und verständnisvoll sein!
- Man soll sich nicht hervortun, keine Unruhe stiften, nicht gemein sein!
- Man muss schließlich Rücksicht nehmen, effektiv sein und sich zusammenreißen!
- Das macht nichts, ich bin wohl ein wenig zu egoistisch!
- Man kann sich nicht ständig anders entscheiden!
- Es passt nicht, jetzt darüber zu sprechen! Ich warte auf einen besseren Zeitpunkt.
- Die haben sicher genug mit sich selbst zu tun. Man sollte andere nicht ständig belästigen!
- Einer muss es ja machen, man kann nicht immer nur gleichgültig sein!

Die automatischen Gedanken haben Sie als Kind vor Bestrafung, Schuld, Scham oder Zurückweisung beschützt, was so viel heißt wie vor dem Verlust von Liebe. Gleichzeitig haben sie Ihnen geholfen, sich so einzurichten, dass Sie Lob, Anerkennung, Komplimente und Aufmerksamkeit bekamen. Wenn Sie trainieren wollen, müssen Sie sich stets die folgenden Fragen stellen: Finde ich das jetzt als Erwachsener immer noch richtig? Woher kommt diese Regel? Gibt es etwas, wovor ich jetzt Angst habe, oder wärme ich nur eine alte Sorge auf? Die alten Tonbänder werden versuchen, Sie daran zu hindern, etwas Neues zu tun, wann immer Sie trainieren.

## Verbote und Gebote

Die alten Tonbänder sind in Verbote und Gebote eingeteilt: „Man sollte nett sein, man sollte höflich sein, man sollte nicht wütend sein, man sollte nicht unangenehm sein." Die Verbote und Gebote passen wie die Hand in den Handschuh. War es damals verboten, seine Verärgerung auszudrücken, ist es wahrscheinlich, dass Sie gelernt haben, nett zu sein und sich um das Umfeld zu kümmern, damit dieses nicht negativ reagiert.

## Auseinandersetzung mit alten Vorbildern

Es gibt noch andere Mechanismen, die in Kraft treten, wenn Sie etwas ändern wollen. Mutter und Vater sind Ihre ersten Vorbilder dafür, was Sie als normal ansehen. Sie lernen früh, die Mutter oder den Vater zu kopieren oder in

Opposition zu ihnen zu handeln. Wenn die Mutter beispielsweise sehr oft traurig oder ängstlich ist, wird es zur Normalität und zum Teil unseres Daseins, viel Angst zu haben und traurig zu sein. Sie dient uns als Vorbild dafür, wie man mit Konflikten und Gefühlen umgehen kann. Möglicherweise haben Sie versucht, das Verhalten Ihrer Mutter zu kompensieren, indem sie tröstend und hilfsbereit waren, um so Sicherheit zu schaffen. Ist der Vater strafend, autoritär und setzt Grenzen, können Sie entweder lernen, dies als normal zu akzeptieren und das Verhalten auch selbst anzunehmen, oder den gegensätzlichen Standpunkt einnehmen und sagen, dass Sie sich so nie verhalten werden.

**Die ersten Vorbilder für das, was Sie als normal ansehen, sind Ihre Eltern.**

„Wahrheiten“ werden zu einer Art Regelwerk für Verhalten, von dem Sie grundsätzlich annehmen, dass alle normalen Menschen dieses teilen. Diejenigen, die nicht nach den gleichen Normen leben, kann man dann leicht als rüpelhaft, dumm oder arrogant betrachten.

*Viele unserer Seminare richten sich an Führungskräfte in Unternehmen. Oft verwenden wir eine Übung, in der wir unsere Teilnehmer darum bitten, zu charakterisieren, mit welcher Art von Mensch sie gut zusammenarbeiten und mit welcher schlecht. Dann bitten wir sie, sich selbst als Typ zu beschreiben und diese Beschreibung mit den zwei eben genannten Typenbeschreibungen zu vergleichen. Mit einem leicht verlegenen Lächeln geben die meisten zu, dass sie am besten mit Menschen zusammenarbeiten, die ihnen selbst ähneln und die*

*die gleichen Normen und Einstellungen haben. Mit ganz unterschiedlichen Typen zu arbeiten, kann sowohl zu Konflikten als auch zu Unsicherheit führen.*

## Unbehagen in der Zeit des Heranwachsens

In jedem normalen Sozialisationsprozess und jeder Erziehung ist auch ein Stück Unwohlsein enthalten. Das kann zur Folge haben, dass Sie als erwachsener Mensch automatisch Angst davor haben oder mit Skepsis reagieren, wenn andere Sie der gleichen Art Unwohlsein aussetzen wollen. Es ist wichtig, dass Sie dieses alte Unbehagen erkennen, denn es kann das Training erschweren.

Aus Sicht unserer Umgebung geschah ein Großteil der Erziehung und Beeinflussungen in bester Absicht, mit dem Ziel, Sie als sozial kompetentes Individuum aufwachsen zu lassen. Setzten die Eltern strenge Grenzen, geschah dies hauptsächlich, weil sie glaubten, das wäre gut für Sie. Setzten sie nicht ausreichend Grenzen, konnte es daran liegen, dass sie Sie als zu verletzlich wahrnahmen.

Vielleicht können Sie weder Begeisterung, noch Traurigkeit oder Wut ausdrücken. Mit der Zeit wird sich daraus das Muster einer vorsichtigen, umgänglichen und untertänigen Person entwickeln, die stets mehr Rücksicht auf ihre Umgebung als auf ihre eigenen Gefühle, Gelüste und Meinungen nimmt. Sie haben ein Verhaltensmuster entwickelt, das in der Phase des Heranwachsens sinnvoll ist, in anderen, späteren Lebenssituationen aber nicht mehr passt.

Vieles in der Erziehung der Eltern fußt auf dem, was diese in der eigenen Kindheit gelernt und automatisiert haben. Diese alten Gedankenkonstrukte, Philosophien und Wahrheiten werden meist über Generationen überliefert. Wir alle haben vermutlich Aussagen gehört wie „In unserer Familie ist es immer so gewesen, dass …" oder „Großvater hat immer das und das gesagt". Diese sozial überlieferten kulturellen Wahrheiten nennen wir oft (die eigentliche) Erbsünde. Im Dienste der Erziehung besitzen Eltern ein ganzes Arsenal an Unbehagen, das sie auslösen können. Unbehagen ist neben dem Wunsch, geliebt zu werden, eine der wichtigsten treibenden Kräfte, dass man Wahrheiten auswendig lernt. Sie haben sich positive Aufmerksamkeit und Liebe gewünscht, nicht Ausgeschimpftwerden und Zurückweisung. Einige der typischen Arten von Unbehagen, denen Kinder ausgesetzt werden, sind:

**Eltern vermitteln oft das, was sie selbst in der Kindheit gelernt haben.**

- Vorwurf und Schuld
- Kritik und Scham
- Ablehnung und Strafe

## Vorwurf und Schuldgefühl

Wenn Sie früher Vorwürfen und Schuldzuweisungen ausgesetzt waren, erwarten Sie automatisch, dass es wieder passieren wird, wenn Sie etwas Neues tun. „Wie kannst du dich so verhalten? Und dann auch noch mir gegenüber, der alles

für dich getan hat!" Sicher kennen Sie ein schlechtes Gewissen, das schmerzhafte Gefühl, als hätten Sie etwas falsch gemacht, als hätten Sie mehr machen sollen, besser sein sollen, Rücksicht nehmen und nicht so egoistisch sein sollen.
Wenn Eltern traurig, verzweifelt und resigniert reagieren, wird dies als dramatisch und bedrohlich erlebt. Kinder erleben es als eine Drohung, verlassen und nicht mehr geliebt zu werden. Das hat ein Unwohlsein geschaffen, das Sie als schlechtes Gewissen zu interpretieren lernten. Kinder sind sehr sensibel für Schmerz und Unwohlsein der Eltern und geben sich dafür selbst die Schuld. „Was ist bloß an mir, dass meine Mutter nicht glücklich ist oder dass mein Vater so sauer wirkt?" Um sich von diesem bedrückenden unbehaglichen Gefühl zu befreien, werden die Kinder gefügig und folgsam und verhalten sich so, dass ihre Eltern zufrieden sind.
Als Erwachsener werden Sie dann empfindsam für die Enttäuschung, das Unwohlsein oder die Unzufriedenheit der anderen. Das kann es Ihnen schwer machen zu trainieren. Sie werden schnell denken, Sie seien schlimm, unangemessen oder rücksichtslos. Und Sie tun sich besonders schwer damit, Grenzen zu setzen und Nein zu sagen.

## Kritik und Scham

Viele Eltern benutzen Scham als eine bewusste Strategie, um Gehorsam zu erreichen. „Du solltest dich schämen, so zu sein! Was werden die Nachbarn von dir denken, keiner möchte etwas mit dir zu tun haben …"

In die Ecke oder an den Pranger gestellt zu werden, sind Ausdrücke, die deutlich machen, dass Menschen diese Emotion aktiv und auf breiter Basis als Erziehungsmittel nutzen. Einige behaupten, Angst verbunden mit Scham sei ein Ausdruck unserer ursprünglichen Furcht, aus der Herde oder dem Stamm ausgestoßen zu werden, und habe ihre Wurzeln in primitiven sozialen Kontroll- und Ausstoßmechanismen.

Die meisten von uns kennen so ein Schamgefühl, es ist, als würden sie entlarvt, bis aufs Hemd ausgezogen, oder sie kennen die Angst davor, dass es passieren könnte. Es ist etwas nicht in Ordnung mit Ihnen, so wie Sie sind, oder mit der Familie, aus der Sie kommen. Eltern, bei denen Scham ein Thema ist, übertragen dies direkt oder indirekt auf ihre Kinder. Sie sind kritisch sowohl sich selbst als auch anderen gegenüber und präsentieren ihre eigene Pein den Kindern. Kinder erleben, dass etwas sehr gefährlich ist, und sie müssen lernen, dies zu verheimlichen oder zu vermeiden. Es ist oft schwerer, mit einem Schamgefühl umzugehen und daran zu arbeiten, als mit einem Schuldgefühl, denn es umfasst Ihr gesamtes Sein und Ihre Existenz.

Kritik, als Kontrollmethode eingesetzt, wirkt ebenfalls durch Scham. Sie werden gehemmt, vorsichtig, wenig spontan und sozial verunsichert. Der Anspruch auf Tüchtigkeit, Höflichkeit, Talent und das ständige Messen des Kindes an anderen kann ihm das Gefühl geben, dass mit ihm etwas nicht in Ordnung ist, wenn es keine Leistung erbringt.

Kinder, deren Eltern Alkoholprobleme haben oder sich in anderen sozial beschämenden Umständen befinden, quälen oft Schamgefühle. Ihnen wird oft die Bürde auferlegt, nach außen eine Fassade aufrechtzuerhalten, keinesfalls die Geheimnisse der Familie nach außen mitzuteilen und diese am besten dadurch zu kompensieren, dass sie besonders tüchtig und verantwortungsbewusst sind. Sie trauen sich nicht, Freunde mit nach Hause zu nehmen, kommen oft in Erklärungsnot und müssen lernen, zu lügen und Abstand zu ihrer Umgebung zu halten. Scham und Entlarvung werden schnell zu einem dauerhaften Thema.

Fehlender Respekt für die Integrität des Einzelnen, der durch Gewalt oder sexuelle Übergriffe zum Ausdruck kommt, lässt ebenfalls ein Gefühl von Schuld in Form von Mitverantwortlichkeit wie auch Scham entstehen, die oft als dreckig erlebt wird.

Beim Erwachsenen kann dies zu dem Gedanken führen, nicht gemocht und akzeptiert zu werden, nicht gut genug, nicht richtig oder perfekt genug zu sein. Viele leiden unter einem übertriebenen Perfektionismus sowohl im Arbeits- als auch im Privatleben. Andere quälen sich damit, eine perfekte Fassade aufbauen zu müssen, und entwickeln soziale Ängste oder andere Symptome.

Trainingsprojekte, die zum Inhalt haben, häufiger „auf etwas zu pfeifen", sich zu blamieren, sich hervorzutun, persönlicher und weniger perfekt im Verhältnis zu anderen zu sein, sind schwierig. Aber gerade hier liegt die Herausforderung. Sie werden nicht mehr von alter Scham und

Kritik gesteuert werden und beginnen mit dem Training, Dinge häufiger nicht so wichtig zu nehmen. Hierin liegt ein großes Potenzial dafür, mehr zu wagen.

## Ablehnung und Strafe

Wenn Sie auf etwas Neues hin trainieren, beispielsweise auf die Verbesserung Ihrer Kontaktfähigkeit, fürchten Sie sich vielleicht am meisten vor Ablehnung. Dann erinnern Sie sich daran, dass Sie erwachsen sind und es auch alleine schaffen.

**Ablehnung ist ein Thema, das viele das ganze Leben hindurch begleitet.**

Alles von direkter Ablehnung bis hin zu verstecktem Mangel an Kontakt und Interesse löst bei Kindern großes Unbehagen aus. Vater und Mutter wenden sich mit traurigem Blick ab, die Umgebung verstummt oder reagiert bestürzt. Für viele ist Schweigen und eine fehlende Reaktion schlimmer als eine negative Reaktion. Eine unklare Mitteilung kann bei Kindern eine Reihe negativer Fantasien in Gang setzen – üblicherweise Gedanken darüber, dass sie böse, schuldig oder wertlos sind. Hinter all diesen unangenehmen Gedanken liegt die Angst, allein zu sein und verlassen zu werden, weil sie nicht geliebt werden.

*Ein junger Mann beschrieb, welches Drama es für ihn war, wenn seine Mutter sauer war. Es hört sich ziemlich alltäglich an, doch für ihn als kleines Kind war es mit einer Mutter, die tagelang sauer sein konnte, kaum auszuhalten. Eine Stunde schien ihm wie eine Ewigkeit. Er fühlte sich einsam, hoffnungslos und unglücklich. Und er war unartig! All seine Energie und*

*Aufmerksamkeit war auf die Mutter gerichtet in der Hoffnung, sie möge ihm verzeihen und ihn wieder lieb haben.*

Tragen auch Sie diese Vorstellung mit sich herum, kann die Sensibilisierung für Ablehnung eine lästige Folgeerscheinung sein, die Sie bis in Ihr Erwachsenenleben hinein begleitet und insbesondere zu Verletzbarkeit in Beziehun-

gen führen kann. Den harmlosesten Mangel an Aufmerksamkeit des Partners werden Sie als Ablehnung oder Bedrohung interpretieren. Das kann Ihr Training erschweren, selbstständig und erwachsen zu sein und sich nicht selbst in eine Opferposition zu bringen: „Mir geht es schlecht, weil du …"

Noch wahrscheinlicher ist es vielleicht, dass Sie selbst entweder Ihren Partner auf die Probe stellen, bis er durchfällt, oder aber selbst Abstand halten und sich sicherheitshalber abweisend verhalten, um nicht wieder verletzt zu werden. Dann können Einsamkeit und Rückzug ein Thema werden. Das Training von neuen Verhaltensweisen – wie offen sein, persönlich sein und Nähe riskieren – kann dann eine schwierige Herausforderung für Sie sein.

## Gleichgewicht zwischen den unterschiedlichen Bedürfnissen

Es wird immer einen Konflikt zwischen dem geben, was Sie als Kind gern wollen und was Ihre Umgebung toleriert. Ein gutes Gleichgewicht in diesem Konflikt ist für Ihre Entwicklung sehr wichtig, denn es vermittelt Ihnen soziale Grenzen, sodass Sie sich als Kind nicht völlig verirren. Wird der Konflikt dadurch gelöst, dass Eltern generell viel Druck und das Gefühl von Unbehagen verwenden oder wenig einfühlsam auf Ihre Bedürfnisse eingehen, so werden Sie beginnen, Ihre eigenen Freuden und Gedanken zu unterdrücken. Sie lernen, dass die Bedürfnisse und Mei-

nungen der anderen am wichtigsten sind, und Sie werden später im Leben oft ein unklares Verhältnis zu Ihren eigenen Bedürfnissen und einen zu starken Fokus auf die der anderen haben.
Wenn man den Kontakt zu dieser inneren Triebkraft verliert, die in der Spontaneität, der Neugierde, Tatkraft und Freude des Kindes zum Ausdruck kommt, führt dies gleichzeitig zu einem ernsthaften Verlust an Lebenskraft, Freude und Spontaneität beim Erwachsenen. Sie verlieren ein wenig den Richtungssinn und Kontakt zum eigenen Willen und können das Bedürfnis entwickeln, sich an andere anzulehnen oder deren Lebenshelfer zu sein.
Sind Ihre Eltern dagegen unsicher in ihrer Rolle als Eltern und trauen sie sich nicht, Grenzen zu setzen und klar und bestimmt zu sein, so kann sich das Gleichgewicht dahingehend verschieben, dass Sie später die Bedürfnisse der Umgebung nicht verstehen. Sie erhalten keine Verhaltenskorrekturen, was zu Unsicherheit und dazu führen kann, dass Sie stets Ihre eigenen Impulse ausleben.

## Bedenken gegenüber Veränderung

Ablehnung, die dazu führte, dass Sie als Kind wieder lieb waren, um wieder an Ihre Eltern heranzukommen, kann langfristige Auswirkungen haben. Vielleicht bitten Sie fortgesetzt um ein gutes Arbeits- oder häusliches Klima und trauen sich nicht, Forderungen zu stellen oder etwas zu tun, was andere Ihnen übel nehmen könnten. Das alte Gefühl von Unbehagen ist noch immer die treibende Kraft

in Ihrer Verteidigungsanlage und dient der Sicherheit. Die erlernte Zensur und die dazugehörige Verhaltensweise funktionieren wie das Prinzip „Vorsicht ist besser als Nachsicht“. Sie handeln, ohne sich zu fragen, ob die Wirklichkeit noch immer dazu passt. Das ist eine der großen Herausforderungen, der sich alle stellen müssen, die trainieren möchten, um sich zu verändern.

## Überlebensstrategien werden zu Lebensstrategien

Unser Einfallsreichtum kennt keine Grenzen, wenn es darum geht, Liebe, Aufmerksamkeit und Bewunderung zu erhalten und gesehen und gehört zu werden. Dass Sie eine so enorme Überlebenskapazität hatten, legte die Basis für die Entwicklung von Stärken, die Ihnen später im Leben nützlich sein können. Fähigkeiten, die Sie erlernt haben, um in diesem Zusammenspiel zu funktionieren, heißen Überlebensstrategien. Diese Verhaltensweisen werden zu Lebensstrategien, die sich zu dauerhaften Verhaltensmustern entwickeln. Lassen Sie uns ein Beispiel betrachten:

*Der Vater ist autoritär, überkritisch und duldet keinen Widerspruch. Die Mutter ist lieb, ausweichend, ein wenig bedauernswert und vermittelt Ihnen Schuldgefühle, indem sie sehr traurig wird, wenn Sie böse sind. Sie werden einem Gefühl von Unbehagen in Form von Kritik, Zorn, Dominierung durch den Vater und Unklarheit und Vorwurf seitens der Mutter ausgesetzt. Als eine Reaktion auf diese Art werden Sie beispielsweise lernen, unterwürfig oder sabotierend zu sein. Sie werden lernen, Wut zu unterdrücken, Sie werden höflich und vorsichtig sein und darauf achten, niemanden zu verletzen. Wahrscheinlich werden Sie auch Partei für Ihre Mutter ergreifen und es als Ihre Aufgabe betrachten, sie zu unterstützen.*

**Es ist nichts falsch an den Fähigkeiten, die Sie entwickeln, um zu überleben!**

Automatisieren Sie dieses Verhalten, sollten Sie als Erwachsener möglicherweise trainieren, direkter zu werden, sich zu trauen, Wut und Uneinigkeit auszudrücken und sich frei zu machen von der selbstkritischen Instanz, die Ihre Lebendigkeit und Ihren Humor erstickt. Tüchtig sein kann gut sein, unsichtbar sein kann klug sein, nörgeln können kann nützlich sein – aber alles zu seiner Zeit. Wird das Verhalten automatisiert, müssen Sie immer tüchtig sein (um nicht dumm zu wirken), unsichtbar sein (um nicht in Schwierigkeiten zu geraten) oder nörgeln (weil Sie recht haben müssen, um Ihr schwaches Selbstbewusstsein zu schützen), dann werden Ihre Fähigkeiten zum Hindernis und Sie unflexibel: Sie können sich neuen Herausforderungen nicht anpassen. Sie verhalten sich, als seien Sie das Kind, und erkennen nicht die Möglichkeiten, die Ihnen im Hier und Jetzt für eine neue Art des Zusammenspiels mit Ihrer Umgebung zur Verfügung stehen.

## Alte Verhaltensweisen

Die Summe Ihrer Aktivitäten und Ausdrucksform (das Verbale) entscheidet, wie Sie nach außen wirken und wie andere Sie wahrnehmen. Viele Ihrer Verhaltensweisen sind alt und angelernt. Sie beherrschen sie gut, und es fällt Ihnen leicht, darauf zurückzugreifen. Es ist nichts falsch an dem, was Sie können, aber Sie müssen vielleicht zusätzlich etwas Neues lernen. Sie haben zweifellos schon davon geträumt, ein anderer zu sein oder Fähigkeiten zu besitzen, die andere haben. Sie haben sicherlich auch gedacht, Sie hätten es besser gehabt, wenn Sie es so oder so gemacht hätten …

Wie bereits weiter oben erwähnt, sind diese alten Verhaltensweisen eng mit Ihrem inneren Kritiker, Ihren Idealen und Ihren automatischen Gedanken verbunden. Deshalb kann es viel Widerstand geben, wenn Sie Ihr Repertoire von beispielsweise lieb und hilfsbereit so erweitern, dass Sie auch mal deutlich und direkt sein können.

Falls Sie das Bedürfnis haben, zu visualisieren oder sich genauer anzuschauen, was für eine Art von alter Verhaltensweise Sie mit auf den Weg bekommen haben, sollten Sie die nachfolgenden Fragen durcharbeiten. Das kann eine Übung sein, die Sie stark fordert, hat aber damit zu tun, dass wir hier die Entwicklung von Lebensstrategien anschauen.

Versuchen Sie kurz und knapp aufzulisten und zu beschreiben, wie Sie als Kind versucht haben, sich in der Interaktion mit den Erwachsenen anzupassen. Die Liste kann viel wert sein, wenn Sie sie mit Blick auf Ihre eigene persönliche Geschichte anschauen.

1. Wie würden Sie Ihre Mutter und das eigene Verhältnis zu ihr beschreiben?
2. Wie würden Sie Ihren Vater und das eigene Verhältnis zu ihm beschreiben?
3. Wie würden Sie das Verhältnis zwischen den beiden beschreiben?
4. Welche Lebensregeln haben Sie in Bezug auf: Man sollte, soll, müsste, darf nicht?
5. Welches Gebot schien Ihnen wichtig zu befolgen?
   - Wie perfekt mussten Sie sein, um nicht kritisiert zu werden oder Enttäuschung auszulösen?
   - In welchem Ausmaß mussten Sie sich behaupten, Dinge richten, die Verantwortung übernehmen und „machen"?
   - Wie wichtig waren Regeln, richtig/falsch und was die anderen sagen würden?
   - Wie lieb, hilfsbereit und angenehm mussten Sie sein?

6. Worüber war es schwierig oder verboten zu sprechen?
   - Wie viel Lebenslust, Freude oder Spaß konnten Sie mitteilen und wie laut durften Sie diese positiven Gefühle äußern?
   - Wie viel körperlichen Kontakt suchten Sie?
   - Wie wurden Trauer und Traurigkeit aufgenommen? Baten Sie um Trost und Fürsorge?
   - Wie wurden Befürchtungen und Angst akzeptiert? Bekamen Sie Verständnis?
   - Baten Sie darum, gesehen, gehört und verstanden zu werden? Wie viel Unterstützung und Begleitung bekamen Sie?
   - Wie viel Wut durften Sie ausdrücken?
7. Welche persönlichen Begrenzungen hatten Ihre Eltern?
   - Was ertrugen sie nicht?
   - Wovor hatten sie Angst?
     Wo kamen sie selbst zu kurz bzw. wo haben sie sich selbst/Sie eingeschränkt?
   - Welche unangemessenen Erwartungen hatten sie an Sie/an sich selbst?
   - Was war tabu?
   - Was mussten Sie leisten, damit Ihre Eltern zufrieden waren?
   - Wie kritisch/selbstkritisch waren sie?
8. Welcher Art von Unbehagen waren Sie ausgesetzt, wenn Sie sich nicht so benahmen, wie Ihre Eltern es mochten? Schuld, Scham, Kritik, Schimpfen … Reagieren Sie auch heute noch sensibel auf dieses Unbehagen?

9. Wie war Ihre typische Verhaltensweise/Lebensstrategie, die Ihnen als Heranwachsender geeignet erschien?
   - lieb
   - zuhörend
   - selbstständig
   - amüsant
   - artig
   - Sündenbock
   - nett
   - Diplomat
   - Krachmacher
   - verantwortungslos
   - Opfer
   - wütend
   - hilfsbereit
   - unsichtbar
   - fordernd
   - hilflos
   - ängstlich
   - fürsorglich
   - ausweichend
   - Querulant
   - Rüpel
   - meckernd
   - dumm
   - höflich
   - schuldig
   - Rebell
   - Charmeur
   - gekränkt
   - dramatisch
   - Clown

Sie haben bestimmt eine ziemlich klare Vorstellung von den Verhaltensweisen, die typisch waren. Sie wenden diese Strategien noch immer an, mehr oder weniger automatisiert. Vielleicht sind Sie Herausforderungen begegnet, bei denen es erforderlich war, Ihr Repertoire zu erweitern, sodass Sie bewusst neue Fähigkeiten zusätzlich zu den alten erlernt haben.

Es ist ein interessantes Phänomen, dass gewisse Arten von Lebensstrategien sozusagen Verhalten ausschließen, das erfüllend sein könnte oder mehr Flexibilität schaffen würde.

Ist es beispielsweise Ihre Strategie, selbstständig zu sein, kann es Ihnen schwerfallen, um Hilfe zu bitten oder Hilflosigkeit zu erleben. Sind Sie nett, tun Sie sich mit Situationen schwer, in denen es notwendig ist, unangenehm zu werden. Sind Sie tüchtig, kann es schwierig sein, sich zu entspannen, auf etwas zu pfeifen und den Mut zu haben, sich zu blamieren. All diese Lebensstrategien sind für sich allein genommen ausgezeichnete Fähigkeiten, können aber zu einer gewissen Unflexibilität führen. Deshalb ist die letzte Frage:

10. Welche Art von Verhalten sollten Sie sinnvollerweise zusätzlich zu Ihren alten Strategien trainieren? Versuchen Sie ruhig, das Gegenstück zu dem herauszufinden, was Sie normalerweise können.

## Unruhe – wenn Sie Gefühle und Bedürfnisse falsch interpretieren

Die Fähigkeit, Gefühle und Bedürfnisse zu unterdrücken, ist ein wichtiger Teil des sozialen Miteinanders. Treiben Sie es allerdings zu weit, so entwickeln Sie eine Art inneren Gefühlsdruck wie in einem Schnellkochtopf. Dann pressen Sie den Dampf hinunter in den Kessel und kochen innerlich.

Ein Abendessen mit einer lästigen Schwiegermutter ist ein gutes Beispiel. Sie wissen, dass es Krach und ein unbehagliches Gefühl aufgrund von unterdrückter Gereiztheit oder Uneinigkeit geben wird. Alternativ können Sie sich entscheiden, sich zusammenzureißen und so zu tun, als sei alles in Ordnung. Das bedeutet, dass Sie Ihre Reaktionen und Meinungen mithilfe einer Eigenzensur zurückhalten. Diese Zensur umfasst sowohl körperliche als auch emotionale und mentale Komponenten, die in Ihrem jeweiligen Kontext eine Wirkung auf Sie ausüben. Möglicherweise sind Sie erschöpft, vielleicht bekommen Sie Kopfschmerzen, oder Sie lassen das Ganze an Ihrem Partner aus, wenn Sie nach Hause kommen.

**Wenn Sie zu viele Gefühle unterdrücken, werden Sie sozusagen zum Dampfkochtopf.**

Sie beginnen früh zu lernen, wie Sie Kontrolle über Gefühle und Bedürfnisse erhalten. Das Einzige, was Sie wahrnehmen, sind vielleicht Unruhe, Stress oder angespanntes Unwohlsein.

Diese Form von Zensur geht auf einer tieferen oder weniger bewussten Ebene vonstatten, als wenn Sie Gedanken als Mittel zur Zensur heranziehen. Sie haben einen Impuls, entweder ein Gefühl oder ein Bedürfnis, aber es gelingt Ihnen nicht, zu verstehen, was dieser Impuls ausdrücken will, sodass Sie nur ein körperliches Unwohlsein oder ein Gefühl der Unruhe wahrnehmen, ohne wirklich identifizieren zu können, worum es sich eigentlich handelt. Wenden wir die Schnellkochtopf-Metapher an, können wir sagen, der Druck im Kessel ist so weit nach oben gelangt, dass Ihr Messgerät ausschlägt. Irgendetwas passiert hier, aber Sie wissen nicht so recht, was Sie eigentlich messen, abgesehen davon, dass es etwas Unangenehmes ist. Wir können es auch so formulieren: Der Impuls ist in jenen primitiven Bereich des Gehirns vorgedrungen, der sich mit der Frage „Kampf oder Flucht?“ beschäftigt. Das kann verschiedene Reaktionen im Körper auslösen, wie beispielsweise die Ausschüttung von Stresshormonen, Herzklopfen, Schwitzen, Atemnot, Schwindel, Augenflimmern und Anspannung im Brustbereich.

Ihre natürliche Reaktion wird sein, herauszufinden, was mit Ihnen hier passiert. Sie nennen diese Reaktionen Unruhe, Angst oder Stress, abhängig davon, für was Sie es halten. Sie denken möglicherweise, es war ein bisschen viel im Job. Aber ist das der Grund für die Unruhe? Vielleicht sind Sie eigentlich wütend auf jemanden, vielleicht haben Sie das Bedürfnis nach Unterstützung oder Nähe und empfinden Unruhe, weil Sie es nicht schaffen, etwas dafür zu tun. Einige glauben, sie müssten aufräumen, helfen oder arbeiten (Workaholics).

Andere Arten von Fehldeutungen der eigenen Gefühle sind geprägt von verschiedenen Formen von Zwängen, es kann der Drang da sein zu trinken, um ruhiger zu werden, der Drang nach Beruhigungsmitteln oder Rauschmitteln. Es kann der Drang nach Essen oder Süßigkeiten sein, der sich in Form von Frustessen oder übermäßigem Essen zeigt. Es können auch alle anderen Formen von Abhängigkeit wie Spielsucht, Sex oder Liebe sein.

Sie können auch Ihre Bauchgefühle als Ausdruck stereotyper Emotionen fehlinterpretieren. Entbehrung, Sorge und Unsicherheit wird bei vielen Männern als Wut ausgedrückt, während Zorn bei vielen Frauen in Form von Weinen oder Furcht zum Ausdruck gebracht wird. Das ist natürlich in hohem Maße durch kulturelle Geschlechterrollenmuster beeinflusst. Es gibt auch grantige Männer und bissige Furien.

## Lernen Sie, Ihre innere Unruhe zu lieben

Die Art und Weise, wie Sie Ihre eigene Unruhe interpretieren, ist ganz entscheidend dafür, wie Sie diese wahrnehmen.

**Wenn Sie etwas Neues ausprobieren, kann ein Gefühl der Unruhe entstehen.**

Unser amerikanischer Kollege John Hart pflegt zu sagen: „Sie müssen lernen, Ihre Schmetterlinge im Bauch zu lieben." Sie müssen sich daran gewöhnen, dass die Tatsache, dass Sie Unruhe und Bauchgefühle haben, ein Teil des Lebendigseins ist und das Vermeiden von Unruhe vergleichbar mit dem Ausweichen vor Vergnügen, Herausforderung und Entwicklung.

Die meisten erleben Unruhe oder Anspannung, wenn sie etwas Ungewohntes tun, etwas, das sie nicht können, etwas, dessen Ergebnis sie nicht vorhersehen können, beispielsweise der Versuch, eine schöne Frau zum Tanz aufzufordern. Das Gleiche gilt, wenn Sie sich neuen Verhaltensweisen nähern. Nicht nur, wenn Sie versuchen, das Snowboarden zu lernen oder im Schwimmbad vom Zehnmeterbrett zu springen, sondern auch, wenn Sie trainieren wollen, Ihre Meinung zu äußern, Grenzen zu setzen, Kon-

takt aufzunehmen oder etwas zu kommunizieren, was für Sie ungewohnt ist.
Die Unruhe, die Sie als Angst interpretieren, kann auch ein Signal dafür sein, dass Sie etwas Neues und Konstruktives für sich selbst tun. John Hart stellt es so dar: „Ich habe nur zwei Karten in meinem Kartenspiel, eine für Depression und eine für Herausforderung, und Sie können nur eine von ihnen wählen. Entscheiden Sie sich die ganze Zeit für das Vertraute, Sichere, Ausweichende, Selbstvernichtende, führt dies in die Depression. Entscheiden Sie sich für Herausforderungen, entwickeln Sie sich in die von Ihnen gewünschte Richtung. Indem Sie direkt und selbstverständlich sind, werden Sie Anspannung und Unruhe erleben, aber auch Zufriedenheit."

*Hierzu das Beispiel eines Mannes, der zu uns kam, weil Angst ihn quälte. Es begann damit, dass er ständig versuchte, dem Unbehagen und der Angst auszuweichen. Er empfand es als unangenehm, vor vielen Menschen zu sprechen, deshalb vermied er es. Mit der Zeit wurde das Zusammensein mit vielen Menschen unangenehm, deshalb vermied er auch das. Es wurde unangenehm, zusammen mit anderen Menschen im Kino zu sitzen, er musste zumindest ganz außen in der Reihe sitzen, aber dann ging er auch nicht mehr ins Kino. Schließlich ging er nicht mehr in ein Geschäft oder zum Briefkasten und endete mit einer Depression im Bett.*

Um zwischen Angst und Furcht zu unterscheiden, benutzen wir für gewöhnlich dieses Beispiel:

*Ist Ihnen ein aggressiver Hund auf den Fersen, empfinden Sie vermutlich Furcht, ein rationales Gefühl in der augenblicklichen Situation. Empfinden Sie ein ähnliches Gefühl, wenn Sie das Bild des Hundes an der Wand sehen, ist dies wenig rational, sondern eine Emotion, die durch Ihre Gedanken ausgelöst wurde. Das Gleiche gilt auch, wenn Sie sich nicht trauen, nach draußen zu gehen, weil Sie befürchten, einen Hund zu treffen, der aggressiv sein könnte.*

Workaholics denken oft: „Ich mache es selbst, dann wird es getan." Sind Sie ein Vorgesetzter, sagen Sie dadurch unterschwellig zu Ihren Mitarbeitern: „Ich vertraue Ihnen nicht ganz." Sie selbst werden überverantwortlich, und die Angestellten übernehmen zu wenig Verantwortung (und sind in der Regel sauer auf ihren Vorgesetzten). Die gleiche Dynamik sehen wir oft bei überverantwortlichen Müttern. Mit anderen Worten: Solche unbewussten alten Handlungsmuster können Konsequenzen in ganz alltäglichen Zusammenhängen zur Folge haben, sowohl für einen selbst als auch für andere.
Das persönliche Unwohlsein, das die treibende Kraft in dieser Art Muster ist, sind Gedanken, dass man faul, unfähig, unzulänglich, missraten ist oder böse, rücksichtslos, wertlos und abgelehnt wird. Anstatt innezuhalten und nachzuspüren, was die treibende Kraft für das ständige Arbeiten oder Helfen ist, machen Sie weiter, bis Sie erschöpft sind und ein gutes Gewissen haben. Das ist eine sehr übliche Dynamik beim Burn-out-Syndrom. Das beinahe Tragische

daran ist: Je erschöpfter Sie sind, desto grenzenloser und selbstkritischer werden Sie. Sie werden weniger effektiv, müssen dies durch längere Arbeitszeiten kompensieren, fühlen sich weniger wertgeschätzt und mühen sich noch mehr damit ab, sich Anerkennung zu verschaffen.

Ein gutes Selbstcoaching für alle Arten von Fehlinterpretation und Unruhe ist es, sich hinzusetzen, sich wenn nötig am Stuhl festzuhalten, nachzuspüren und sich selbst zu fragen: „Was passiert hier gerade?“, „An was für ein Gefühl erinnert mich das?“, „Habe ich mich so schon einmal erlebt? Was habe ich da gefühlt?“ Versuchen Sie, mit jemandem zu sprechen, und unterlassen Sie es, Ihrer Unruhe mit Aktivität zu begegnen.

## Magenschmerzen und andere Reaktionen

Wir haben alle schon einmal gesehen, wie eine ängstliche Katze Katze sich anspannt und einen Buckel macht, um sich zu verteidigen. Auch wir Menschen haben diese eingebauten Reflexe. Dieses Sichanspannen ist Teil eines Musters zur Verteidigung, der Versuch, Unbehagen zu vermeiden und die Illusion von Sicherheit zu schaffen. Wenn Sie steif sind, werden Sie sich selbst als weniger offen und verletzbar wahrnehmen. Steifheit und Angespanntheit beeinflussen auch Ihre Atmung, sodass diese oberflächlich und eingeschränkt ist. Es bewirkt darüber hinaus ein gewisses Maß an Gefühllosigkeit oder Unempfindlichkeit gegenüber schmerzhaften Gefühlen oder Reaktionen.

Die Zensur liegt hier auf einer noch tieferen oder unbewussteren Ebene als bei der Fehlinterpretation. Sie nehmen die Unruhe nicht einmal wahr, der Impuls wird Ihnen also nicht bewusst. Wir dämpfen Impulse, indem wir beispielsweise aufhören zu atmen, das Zwerchfell anspannen, die Schultern hochziehen, Kiefer und Nacken anspannen. Die Impulse werden im Körper in Form von chronischer Anspannung gespeichert und können zu Müdigkeit, Kopfschmerz, psychosomatischen Erkrankungen wie Magengeschwüren, Bluthochdruck, Haut-, Herz- und Lungenerkrankungen führen. Auch dies ist ein Glied in dem Prozess, der in eine Depression führt.

**Anspannung ist eine Hilfe, um nicht mit der Umgebung in Konflikt zu geraten.**

„Sich aufraffen" ist ein fester Begriff in unserer Sprache, ebenso „die Tränen hinunterschlucken", „die Zähne zusammenbeißen" oder „die Fassade wahren". Das heißt, dass wir alle auf diese Weise reagieren, um uns gegen Unbehagen zu schützen, sei es von außen in Form von Schmerzen oder Schimpfen durch wütende Eltern oder von innen in Form von unangenehmen Erinnerungen, Gefühlen oder Gedanken. Sie haben das gelernt, um Ihre eigene Verletzbarkeit verbergen zu können.

Ein Teil der Anspannung wird auch hergestellt, um nicht zu viel von dem auszudrücken, was die Umgebung nicht mag. Vielleicht war es falsch, Traurigkeit oder Zorn auszudrücken, vielleicht wurde der Wunsch nach Kontakt oder Fürsorge abgelehnt. Als diese Verbote, sich mitzuteilen, zu einem fortwährenden Muster wurden, war es am besten, dass Sie die Anspannung automatisieren konnten.

## Symptomentwicklung

Leider können einige Ihrer Lebensstrategien Ihnen auf längere Sicht Probleme in Form von psychischen Symptomen bereiten. Unterdrücken Sie Gefühle und Bedürfnisse, erhöht sich der „Druck im Schnellkochtopf" so weit, dass Sie riskieren, Krankheitssymptome zu entwickeln.

*Die Mutter dreier Kinder hatte derart hohe Ansprüche und Erwartungen daran, wie sie auf andere wirken sollte, dass sie mit der Zeit Angstsymptome entwickelte. Sie hatte all die traditionellen Erwartungen an sich selbst: eine gute Mutter, gute Hausfrau, gute Liebhaberin, gute Arbeitnehmerin zu sein. In ihrem Umfeld gab es hohe Erwartungen an Erfolg und eine glänzende Fassade, und mit ihrem familiären Hintergrund als tüchtige große Schwester kam sie gar nicht auf den Gedanken, sich nicht zu engagieren. Mit der Zeit trainierte sie, Wut und Traurigkeit zu zeigen, Grenzen zu setzen, anderen zu sagen „Ich will nicht" und sich nicht zuletzt zu trauen, offen mit den Menschen über ihre Beschwerden zu sprechen, mit denen sie viel Kontakt hat. Das hat ihr eine neue Freiheit und einen persönlichen Raum gegeben, eine normale Frau zu sein, und nun fühlt sie sich nicht mehr einsam in ihrer eigenen Familie.*

Ihre Symptome sind sozusagen verschwunden, abgesehen von den Momenten, in denen sie sich selbst vergisst und wieder in ihre alte Rolle schlüpft.

Wenn Sie sich beispielsweise ständig „überfahren" lassen und mehr tun, als Sie eigentlich leisten wollen, werden Sie mit der Zeit sowohl verletzbar als auch erschöpft sein. Nach und nach werden Sie mit Niedergeschlagenheit reagieren, weil Sie sich als unfähig erleben, Ihre Meinung zu sagen und Verantwortung für Ihr eigenes Wohl zu übernehmen, und das wiederum kann Ihre Selbstachtung schwächen. Oft ist diese Verhaltensweise auch kombiniert mit der fehlenden Fähigkeit, sich Raum zu verschaffen und sich mitzuteilen, sowie einem wenig bewussten Verhältnis zu den eigenen Bedürfnissen. Da werden Sie unter Umständen erleben, dass Sie vereinsamen und Ihre grundlegenden Bedürfnisse nicht befriedigt werden.

## Die Selbstzensur

Selbstzensur ist eine wichtige Anpassungsfähigkeit: Sie lernen, nur so viel von Ihren verschiedenen Gefühlen und Bedürfnissen auszudrücken, nur so viel von Ihren Ansichten, Protesten und Bedenken, dass Sie nicht in allzu großen Schwierigkeiten landen.

Lassen Sie uns ein bereits bekanntes Beispiel anwenden: Stellen Sie sich vor, Sie seien innerlich wütend, ängstlich oder traurig – ein starkes Bauchgrimmen entwickelt sich in Ihnen. Nach außen aber zeigen Sie etwas ganz anderes, ein feines Lächeln. Mit diesem Lächeln fühlen Sie sich sozial akzeptiert, Ihr Inneres und Ihr Äußeres aber sind völlig aus der Balance geraten. Sie halten die Fassade aufrecht, kommunizieren nicht und wissen nicht, ob die anderen Sie mögen würden, wenn sie etwas von Ihrem Bauchgrimmen wüssten. Lassen Sie über längere Zeit wenig nach draußen kommen, kann das zur Folge haben, dass Sie vieles nicht loswerden können und erschöpft werden.

Ausdrücke wie „sich zusammenreißen" oder „die Fassade aufrechterhalten" zeigen, wie üblich diese Strategie ist. Außerdem zeigen sie, dass ein gewisser muskulärer Einsatz erforderlich ist. Redewendungen wie „die Zähne zusammenbeißen", „die Tränen hinunterschlucken", „mit den Tränen kämpfen" oder „sich beherrschen" drücken das Gleiche aus.

Obwohl Muskel- und Skeletterkrankungen zu den gängigsten Erkrankungen gehören, spricht man wenig darüber, was entsteht, wenn wir das Zwerchfell anspannen und den Atem anhalten, mit den Kiefern mahlen, die Schultern hochziehen und den Nacken anspannen, um uns selbst zu stoppen oder zu dämpfen. Üblicherweise fällt all dies unter den Sammelbegriff Stress.

**Wer sich zusammenreißt, verspannt sich.**

Wenn das Innere anders ist als das Äußere, bedeutet das, dass Sie den Kontakt zu anderen verlieren. Die Undeutlichkeit kann Ihnen das Gefühl vermitteln, nicht gesehen zu werden, ein Gefühl der Einsamkeit, Unsicherheit und Entfremdung. Das Gefühl der Einsamkeit verschwindet erst, wenn Sie sich verstanden fühlen. Verstanden, gesehen und gehört zu werden ist wichtiger als Akzeptanz, Einigkeit oder Anerkennung.

Wie ist das bei Ihnen? Halten Sie oft die Fassade aufrecht? Nehmen Sie sich zusammen, auch wenn Sie eigentlich Lust haben, Ihre Meinung zu sagen? In diesem Falle gibt es etwas zu trainieren. Die Art und Weise, wie Sie sozial wirken, ist in hohem Maße durch alte Zensurmechanismen beeinflusst. Wenn Sie Menschen beobachten, wird Ihnen schnell auffallen, dass einige lebendig, beweglich und impulsiv wirken, während andere steifer, reservierter und vielleicht weniger kontaktfreudig erscheinen. Der nachfolgende japanische Ausdruck beschreibt dies deutlich: „Körper und Psyche sind wie die zwei Seiten eines Blattes Papier. Wellt sich die eine Seite, wellt sich auch die andere.“ Sie werden streng, steif und weniger ausdrucksstark. Sie können zusammenbrechen und schlapp, leblos und ausdruckslos werden. Sie halten sich zurück, obwohl Sie gern Kontakt hätten, Sie kleiden sich farblos, um nicht die Aufmerksamkeit zu erhalten, die Sie sich in Ihrem Innersten wünschen. Blick und Stimme werden gleichermaßen von diesen Spannungen beeinflusst. Der Blick kann starr, starrend oder abwesend und abgewandt sein. Viele haben Schwierigkeiten damit, andere anzusehen, ohne zu starren. Einige unserer Kursteilnehmer beschrieben, wie sie den Körper nutzen, um Impulse zu kontrollieren. Innerlich erleben sie Frustration, Unklarheit oder Unbehagen.

**Wird der Körper benutzt, um Impulse zu kontrollieren, entsteht Frustration.**

Statt sich hinzusetzen und nachzuspüren „Was passiert hier mit mir?“, beginnen Sie mit Besen und Lappen im Haus herumzuwirbeln. Andere arbeiten und arbeiten, während einige es vorziehen, zu joggen oder vor allem davonzulaufen, was schwierig ist. Die Aktivität hat wenig mit dem zu tun, was in Ihnen vorgeht, und stillt deshalb auch nicht Ihre Bedürfnisse. Etwas abzureagieren kann beispielsweise bedeuten, ein Gefühl physisch abzuwälzen, ohne mit ihm in Kontakt zu treten und auf diese Weise das Unbehagen loszuwerden. Einige vermeiden auch körperliche Nähe, Blickkontakt oder andere Handlungen, die Impulse hervorrufen könnten.

## Mangelhafter Ausdruck von Gefühlen

Oft ist es zum festen Bestandteil der Persönlichkeit geworden, sich nicht in vollen Zügen in direkter Rede, angemessener Lautstärke und Gefühlsintensität mitzuteilen. Es ist so natürlich geworden, dass Sie es als unnatürlich und dumm empfinden würden, das gesamte Spektrum an Gefühlen, Bedürfnissen, Wünschen und Ansichten deutlich auszudrücken. Mithilfe von Stimme und Sprache können Sie Impulse ebenfalls unter Kontrolle halten: Wenig Intensität, monotoner Tonfall und geringe Emotionalität, wenig Kraft in der Stimme oder geringe Lautstärke sind gebräuchliche Methoden.

Aber auch äußerliche Fehldeutungen, indem wir nach außen etwas anderes ausdrücken als das, was in uns vorgeht, sind üblich. Sie können beispielsweise schimpfen, Wut zeigen, weinen oder übertrieben viel reden, um dem eigentlichen Gefühlsinhalt oder dem Bedürfnis auszuweichen. Eine unklare und verwirrende Sprache, übertriebene

Sachlichkeit und Intellektualisierung können das Gleiche ausdrücken. Sie können die Stimme auch beschleunigen, um einen erwünschten gekünstelten Eindruck zu erzeugen, oder einschmeichelnd oder absolut sicher sprechen, je nachdem, wie Sie den anderen gegenüber dastehen wollen. So kann ein Gesamteindruck von Disharmonie zwischen dem Inhalt des Gesagten, der Mimik und dem Tonfall entstehen. Besonders Kinder reagieren äußerst verstört auf eine solch doppeldeutige Kommunikation. Wenn der Vater sagt, er sei interessiert daran zu erfahren, wie es in der Schule läuft, während sein Tonfall und Blick Gleichgültigkeit ausstrahlen, versetzt er das Kind in eine Situation mit gegensätzlichen Botschaften: „Ich möchte hören" und „Ich möchte nicht hören".

### ||| Übung

Setzen Sie sich auf einen Stuhl, schließen Sie die Augen und versetzen sich zurück in die Zeit, in der Sie sechs bis acht Jahre alt waren. Was war Ihre typische Verhaltensweise, wenn Sie zu Hause etwas Unangenehmes erlebt haben? Wovor hatten Sie Angst? Hatten Sie Angst, bestraft zu werden, Schuldzuweisungen oder Kritik zu bekommen, abgelehnt zu werden? Haben Sie noch immer Angst davor, wenn Sie etwas Neues tun sollen? Hindert Sie diese Angst heute noch daran, neue Dinge zu tun?

# Kapitel 5 Raus aus den festgefahrenen Verhaltensweisen! Die Übungen

## Einleitung

Um Ihnen den Trainingsstart zu erleichtern, werden wir in diesem Kapitel die Hauptpunkte zunächst wiederholen und Ihnen konkrete Tipps für Ihr weiteres Vorgehen als Ihr eigener Coach geben.

Die meisten haben klare Vorstellungen davon, was sie tun können, um zufriedener zu werden: mehr trainieren, weniger essen, weniger arbeiten, weniger ernsthaft sein oder erwachsener und verantwortungsbewusster sein, mehr Raum einnehmen, mehr Standhaftigkeit zeigen, maskuliner und öfter sorgloser sein, häufiger Nein sagen. Sie sind sich über Ihre eigene Situation durchaus im Klaren, was allerdings nicht heißt, dass Sie auch etwas unternehmen. Tun Sie nichts, kann man sagen: Sie haben ein Problem. Deshalb: Tun Sie etwas, trainieren Sie! Hier noch einmal einige der Übungsprinzipien, die auch für das körperliche Training gelten:

- Sie können sich in eine bessere psychische Verfassung „trainieren", indem Sie Ihr Verhalten verändern.
- Sie müssen über Ihre normalen Beschränkungen hinausgehen, um flexibel zu bleiben.

- Sie müssen „Trainingsmuskelkater" in Form von Zweifeln und persönlichem Unwohlsein ertragen.
- Sie müssen häufig und systematisch über längere Zeit üben, um eine gute Technik und Kondition zu erlangen.

Selbst mit diesen guten Ratschlägen, die Sie sicherlich schon kannten, werden Sie Widerständen begegnen. Wenn wir von Widerstand sprechen, so meinen wir das Gefühl von Unbehagen, das auftreten kann, wenn Sie etwas Neues tun. Selbst wenn dieses Unbehagen auftreten sollte: Ihre Befriedigung darüber, etwas Neues zu können, wird größer sein.

Natürlich können Sie das Training sabotieren, indem Sie Ihre Situation als festgefahren definieren: „Ich bin einfach so. Keiner wird mich akzeptieren, wenn ich mich plötzlich völlig verändere.“ Oder indem Sie sich darauf verlassen, damit anzufangen, „sobald es sich natürlich für mich anfühlt“.

Sie müssen sich für das Training auch dann entscheiden, wenn es sich unnatürlich anfühlt und Sie sich unbeholfen fühlen, wenn Sie glauben, dass Sie sowohl Ihre Freunde als auch Ihr Ansehen verlieren werden. Ihre alten negativen und automatischen Gedanken werden weiterhin vor sich

hinköcheln, lange nachdem Sie sich entschieden haben, Ihre althergebrachten Sätze zu sagen: „Man kann doch nicht, man sollte nicht, man muss sich doch zusammenreißen!“

Fehlinterpretationen können auch eine Art von Widerstand sein: Wenn Sie eigentlich wütend sind, nehmen Sie vielleicht nur Unruhe und Angst wahr und sagen sich selbst, dass Sie zu viel Angst davor haben, Ihre Meinung zu sagen. Auch psychosomatische Symptome können Widerstand hervorrufen. Vielleicht empfinden Sie sich als zu müde oder zu erschöpft, um zu handeln, vielleicht haben Sie Kopfschmerzen. Ablenkungsmanöver wie Aufräumen, Arbeiten oder Essen sind weitere Mittel der Sabotage. Sie meinen, putzen sei im Augenblick das Wichtigste, auf das Sie sich fokussieren müssen, statt in sich nachzuspüren, was tatsächlich in Ihnen vorgeht.

**Oft gibt es Widerstände – überwinden Sie sie!**

Eine Vorstellung, die ebenfalls eine sabotierende Wirkung hat, ist der Gedanke, alles im Leben auf den Kopf stellen zu müssen, um eine Veränderung herbeizuführen. Es ist tatsächlich besser, sich die Schwierigkeiten einzugestehen. Oft erreicht man mit kleinen Veränderungen überraschende Ergebnisse und ein neues Gefühl von Freiheit und Bewegung im Leben.

### Übung

Entstehen die Widerstände durch automatische Gedanken? Schreiben Sie Beispiele für einige Ihrer typischen Zensurgedanken auf. Notieren Sie sich ebenfalls, in welchen typischen Situationen oder Beziehungen Sie folgendermaßen reagieren: „Man kann nicht“, „Das passt gerade nicht“, „Das gibt bloß Ärger“, „Was ich denke, ist nicht so wichtig, es ist vielleicht dumm oder wurde schon gesagt“.

Haben Sie die Tendenz, gestresst oder unruhig zu reagieren, Angst oder den Drang, etwas zu bekommen (Essen, Sex, Alkohol)? In welchen Situationen passiert das? Welche Erklärungen geben Sie sich selbst üblicherweise (Fehlinterpretationen)? Und was pflegen Sie zu tun, um dem unangenehmen Gefühl zu entkommen? Hat das geholfen? Oder haben Sie stattdessen ein anderes unbehagliches Gefühl bekommen? Was für ein Verhältnis haben Sie zu Ihren Schmetterlingen im Bauch?

Sind Sie oft angespannt oder bekommen Magenschmerzen? Wann passiert das? Wie erklären Sie sich das? Was tun Sie, um es loszuwerden? Fällt Ihnen auf, in welchen Situationen Sie aufhören, frei zu atmen? Was passiert dann, und wie verhalten Sie sich?

## Neues, erfrischendes Verhalten

Betrachten Sie Ihren persönlichen Stil, so werden Sie schnell herausfinden, dass Ihre üblichen Strategien und Handlungsmuster in vielen Situationen eine einschränkende Wirkung auf Ihre Flexibilität haben können. Mit anderen Worten: Es besteht oft eine enge Verbindung zwischen dem, was wir als Personen entwickeln, und dem, was wir unterdrücken. Die Verantwortlichen ertragen ihre Hilflosigkeit nicht, und die Verantwortungslosen haben Probleme damit, selbst Verantwortung zu übernehmen. Normalerweise ist es so, dass Sie genau das Gegenteil dessen trainieren müssen, was Sie können. Oft regen Sie sich über Verhaltensweisen auf, die Sie selbst nicht gut beherrschen oder von denen Sie meinen, sie sich nicht erlauben zu dürfen. Beschreiben Sie anhand der folgenden Übung detailliert Ihre typischen, normalen Verhaltensweisen und eine neue, erfrischende Verhaltensweise, um Klarheit zu bekommen:

### Übung

- Nennen Sie zwei typische Verhaltensweisen, die Sie ständig an den Tag legen (wie die anderen Sie üblicherweise sehen).
- Welche Aktivitäten sind das (Lächeln, Stirnrunzeln, Wegschauen und so weiter)?
- Welche Art von Ausdrucksform verwenden Sie (schweigsam, geschwätzig und so weiter)?
- Haben Sie mit diesen Verhaltensweisen irgendwelche Nachteile?
- Welche erfrischende Verhaltensweise könnten Sie sich angewöhnen? (Versuchen Sie, noch eine zweite zu finden.)
- Welche Aktivitäten müssten Sie dann trainieren?
- Wie müssten Sie sprechen (Tonfall, Lautstärke, Inhalt und so weiter)?
- Inwieweit würden diese Verhaltensweisen Sie zufriedenstellen?

Ihr Training muss konkret sein, wenn Sie erfolgreich sein wollen. Ist die Verhaltensweise „lieb und hilfsbereit“ zu sein typisch für Sie – was für sich selbst genommen eine ausgezeichnete Fähigkeit ist –, so möchten Sie vielleicht zusätzlich lernen, deutlich und direkt zu sein. Was können Sie in diesem Fall konkret trainieren? So sollte Ihr tägliches Training vor dem Spiegel aussehen:

- Üben Sie eine persönliche und direkte Form der Sprache: Ich meine, ich denke, ich finde, ich wünsche, ich fühle, ich empfinde.
- Verwenden Sie eine gute Lautstärke und eine klare Stimme. Unterstreichen Sie das Gesagte mit einem deutlichen Tonfall, ohne zu befürchten, dass Sie sich wütend oder unflexibel anhören.
- Trainieren Sie einen guten Blickkontakt, unterstreichen Sie Ihre Meinung mit Ihrer Gestik, und stehen Sie fest mit beiden Beinen auf dem Boden. Achten Sie darauf, nicht Ihr automatisches „freundliches Lächeln“ aufzusetzen. Trainieren Sie, seriös und bestimmt zu wirken.
- Hören Sie nicht zu sehr auf Ihre alten Vorstellungen darüber, wie schwach oder verletzbar andere sind. Vielleicht mögen die es nicht gerne, wenn man sie als verletzbar und bemitleidenswert wahrnimmt.

## Trainingsdauer und Trainingsziele

Nachdem Sie zwei Wochen lang vor dem Spiegel trainiert haben, ist es an der Zeit, zum Training in die Öffentlichkeit zu gehen. Haben Sie den Fortschritt im Blick, beginnen Sie innerhalb eines Lebensbereiches und mit Personen, bei denen Sie meinen, erfolgreich zu sein. Trainieren Sie im ersten Monat mindestens zwei- bis dreimal pro Woche. Sagen Sie in einer Besprechung Ihre Meinung, sagen Sie „Nein, ich kann nicht helfen", wenn jemand anruft. Sagen Sie deutlich, was Sie mit Ihrem Partner am Wochenende unternehmen möchten, setzen Sie Ihren Kindern klare Grenzen. Geben Sie nicht nach, wenn diese nicht hören wollen. Wiederholen Sie Ihre Botschaft mit fester Stimme und deutlichem Blickkontakt, bis Sie verstanden werden.

**Setzen Sie sich klare und realistische Trainingsziele!**

Entscheidend ist die Frequenz Ihres Trainings. Genauso wie jemand, der körperlich trainiert, die Häufigkeit und Intensität seines Trainingsprogramms festlegt, müssen wir für das Selbstcoaching ebenfalls klare Trainingsziele definieren. Seien Sie realistisch! Stecken Sie Ihre Ziele nicht zu hoch! Haben Sie bisher noch nie das Wort in einer größeren Gruppe ergriffen, beginnen Sie an einem Ort, an dem Sie sich so sicher wie möglich fühlen. Sprechen Sie über ein Thema, das Sie wirklich beherrschen. Versuchen Sie, dies im ersten Monat zwei- bis viermal zu schaffen. Nach einem Monat können Sie die Belastung ein wenig steigern, um Fortschritte zu erzielen, bis das neue Verhalten ein ebenso natürlicher Teil Ihres Repertoires wird wie Ihr übriges Verhalten.

**10 Tipps für ein effektives Training**

1. *Werden Sie sich bewusst:* Sie müssen sich in erster Linie darüber bewusst werden – gedanklich und auf der Gefühlsebene –, dass Sie es wirklich wünschen, einige Seiten an Ihrem Verhalten und Ihrem Gedankenmuster zu verändern.
2. *Setzen Sie sich Ziele:* An welchen Ihrer eigenen Seiten möchten Sie arbeiten? Möchten Sie zielgerichteter handeln, weniger aggressiv sein, besser Grenzen setzen können, den Mut haben, Ihre eigene Meinung zu sagen, oder sich trauen, Gefühle zu zeigen?
3. *Schauen Sie sich Ihre Zeiteinteilung an:* Verschaffen Sie sich eine Übersicht darüber, womit Sie Ihre Zeit verbringen. Wie viel Zeit verbringen Sie im Job, zusammen mit der Familie, mit Sex oder vor dem Fernseher? Das kann Ihnen auf erschreckende Weise vor Augen führen, warum Sie in eine Situation geraten sind, in der Sie Selbstcoaching benötigen.
4. *Beginnen Sie mit dem Üben:* Es ist immer schwierig, neue Seiten an sich selbst zu zeigen – das geht allen so! Hier gilt das alte Sprichwort: Wer nicht wagt, der nicht gewinnt!
5. *Seien Sie persönlich:* Sprechen Sie in der Ichform, verwenden Sie nicht man, jemand oder du – sagen Sie lieber: „Ich meine, ich wünsche, ich will, ich fühle".
6. *Seien Sie deutlich:* Seien Sie deutlich, wenn Sie sich an andere Menschen wenden. Sie sollen sich nicht fragen müssen, was Sie wünschen oder wollen.

7. *Schreiben Sie ein Trainingstagebuch:* Führen Sie Buch über Ihre eigene Entwicklung, schreiben Sie auf, dass Sie nicht wütend wurden, als Ihr Kleinkind das Milchglas auf den Boden fallen ließ, oder dass Sie im Büro etwas angesprochen haben, das Sie sich lange nicht zu thematisieren wagten. Seine eigene Entwicklungskurve zu sehen, kann sehr inspirierend sein.
8. *Prüfen Sie Ihre Intuition:* Nehmen Sie Eindrücke bewusst wahr, ignorieren Sie nicht, was Sie sehen, nur weil es unangenehm wirkt. Haben Sie einen Gedanken in Richtung „Ich glaube, dass …“, trauen Sie sich, ihn zu prüfen. Aber seien Sie offen für Kurskorrekturen.
9. *Lieben Sie Ihre Schmetterlinge:* Wenn Sie Unruhe wahrnehmen – das Herz schlägt, die Schweißperlen tropfen, Sie ringen nach Luft, weil Sie etwas Unbekanntes tun sollen –, sagen Sie sich: Es ist herrlich, die Schmetterlinge im Bauch wahrzunehmen! Sie erinnern Sie daran, dass Sie leben.
10. *Fürchten Sie sich nicht vor Kritik:* Kritik kann Fürsorge beinhalten. Deuten Sie Kritik nicht immer als etwas Negatives, Rückmeldungen sind wichtig. Bitten Sie darum, mehr darüber zu hören, was der andere meint.

Es ist wichtig, das Training mindestens einmal im Monat zu überprüfen, gern auch wöchentlich: Wie haben Sie trainiert? Antworten Sie so konkret wie möglich.

- Habe ich die Ziele erreicht, die ich mir in diesem Monat gesteckt habe? Ja? Dann schenken Sie sich Anerkennung. Nein? Geben Sie sich Anerkennung, wenn Sie wenigstens ein bisschen geschafft haben.

- Bewerten Sie die Ziele: Waren sie zu hoch gesteckt oder zu unpräzise?
- Falls Sie sich unruhig fühlten oder selbstkritische Gedanken bekamen, weil Sie etwas Neues getan haben, notieren Sie das ruhig, damit Sie dies beim nächsten Mal wiedererkennen. Es ist normal, dass Sie schnell ein Gefühl der Erleichterung spüren, um danach gründlich von Ihrem inneren Kritiker eingeholt zu werden, weil Sie gegen die Regeln verstoßen haben.
- Wie haben Sie das Training sabotiert?
- Was für ein Feedback oder was für eine Reaktion haben Sie von Ihrer Umgebung bekommen?

Das Wichtigste während des gesamten Trainingsprojektes ist: Verurteilen Sie sich nicht, weil es zu langsam vorangeht, weil Sie zu feige sind, weil Sie etwas hätten tun sollen! Das ist eine todsichere Methode, den eigenen Fortschritt zu sabotieren.

## Auswege aus festgefahrenen Verhaltensweisen

In diesem Abschnitt werden wir den Schwerpunkt auf einige konkrete Probleme legen, mit denen viele zu kämpfen haben. In einigen werden Sie sich vielleicht wiedererkennen, während Sie andere Bereiche gut beherrschen. Nachfolgend befassen wir uns mit dem, was wir „Auslöser“ nennen. Das sind Ihre wunden Punkte. Viele reagieren sehr irrational und extrem und fühlen sich auf die Füße getreten. Denken Sie daran, dass es sich um Ihre subjektive Deutung der Wirklichkeit handelt und dass diese oft aus früheren Zeiten stammt. Das bedeutet: Es ist Ihre Verantwortung, wie Sie reagieren, Ihre Verantwortung, nicht auf diese Auslöser anzuspringen, unabhängig davon, wie die anderen sind.

## Meiden Sie Ihre Auslöser!

Es kann wichtig sein, zu wissen, was einen aus der Haut fahren lässt. Erstellen Sie eine Liste, wer und was Sie aufregt: Welcher Typ Mensch und was für Situationen ertragen Sie einfach nicht? Auslöser sind im Großen und Ganzen Haltungen und Situationen, denen Sie wiederholte Male ausgesetzt waren, sodass Sie beinahe schon allergisch darauf reagieren. Themen, auf die viele reagieren, sind: Zurückweisung, Ungerechtigkeit, Belehrung, Nachgiebigkeit, Selbstgefälligkeit, Dominanz, Unbefangenheit, Ignoranz, Passivität, Hilflosigkeit, Wut, Scham, Erwartung, Verantwortungslosigkeit, Neid, Eifersucht, Geiz, Verschwendung.

**Auf manche Auslöser reagieren wir fast schon allergisch.**

Die Liste ließe sich beliebig fortführen. Was mit Ihnen geschieht, wenn Sie sich reizen lassen, kommt einer Selbsthypnose nahe: Sie funktionieren nicht mehr rational, reagieren aufgeregt, fühlen sich klein, hilflos, schwach und ängstlich, obwohl Sie erwachsen sind. Nach außen hin zeigen Sie diese Gefühle natürlich nicht, sondern benutzen

eine Ihrer alten Lebensstrategien und reagieren vielleicht nur fern und abwesend, Sie jammern, sind wütend oder furchtbar freundlich, je nachdem, was für eine Strategie Sie für die Bewältigung schwieriger Situationen haben.

*Ein Mann, der eine Frau ins Café eingeladen hatte, erlebte in aller Ausführlichkeit, wie diese Auslöser wirken. Während sie am Tisch saßen, fiel sein Blick nach draußen auf einen roten Ferrari. Er saß eine Zeit lang versonnen da und starrte den Sportwagen an. Als er sich wieder seiner Begleitung zuwandte, wirkte diese plötzlich fern und uninteressiert. Er war verwirrt und fragte, ob etwas nicht in Ordnung sei. Da bekam er die wütende Antwort, sie sei es leid, dass er andere Frauen anstarre und sie damit zurückweise. Sie werde nicht noch mehr Männer ertragen, die sie abwiesen! Nur mit Mühe gelang es ihm, die Situation zu retten.*

### Übung

Führen Sie sich einige Ihrer üblichen Auslöser vor Augen. Um daran zu arbeiten und zu trainieren, sich nicht auf diese Situationen einzulassen, haben wir ein Schema entwickelt. Wenn Sie ihm folgen, können Sie genauer klären, wie Sie sich fühlen, wann dieser Zustand normalerweise auftritt und was für Gedanken Ihnen durch den Kopf gehen – über sich selbst und andere. Beschreiben Sie anschließend, wie Sie normalerweise in diesen Situationen reagieren.

## Schreiben Sie Ihren persönlichen Merkzettel

Eine einfache, aber effektive Übung ist das Erstellen eines persönlichen Merkzettels, der auf positiven Erfahrungen aufbaut, die Sie mit sich selbst gemacht haben. Das Bewusstmachen dieser Fakten kann uns dabei helfen, nicht im unwegsamen Gelände negativer Fantasien zu enden. Verlaufen Sie sich dennoch im negativen Treibsand, so können Sie diesen persönlichen Merkzettel verwenden, um wieder aufs Trockene zu gelangen. Er hilft Ihnen, sich zu erinnern, wer Sie eigentlich sind und welche Qualitäten Sie haben. Die Fähigkeit, positive Fakten über sich festzuhalten, ist ein rationaler Schachzug gegen irrationale negative Gedanken.

### Übung

Beantworten Sie die unten aufgeführten Fragen ausführlich, indem Sie Ihre Antworten aufschreiben. Bewahren Sie eine Kopie in Ihrem Portemonnaie auf. Diesen Merkzettel können Sie stets nutzen, um sich aus Situationen zu retten, in denen Sie aufgrund von negativem Denken die Übersicht verloren haben:

- Was mögen Sie an sich selbst?
- Was mögen andere an Ihnen?
- Was können Sie gut?
- Was macht Sie glücklich?

Viele glauben, hierbei handele es sich um peinliche und schwierige Fragen und es sei beschämend, etwas Positi-

ves über sich selbst zu sagen. Eine solche Bescheidenheit ist sehr ungünstig für Ihre Urteilsfähigkeit über sich selbst. Entsprechend wichtig ist es, mit diesen Themen zu arbeiten, vor allem, wenn Sie sich mit irrationaler Selbstkritik quälen. Es kann tatsächlich nützlich sein, einen kleinen persönlichen Merkzettel im Portemonnaie zu haben, den Sie hervorholen können, wenn Sie Unterstützung brauchen, um negativen Gedanken entgegenzuwirken. Eine andere Technik, die Sie gegen das Grübeln anwenden können, ist das Zurückkommen ins Hier und Jetzt.

## Konzentrieren Sie sich mehr, sorgen Sie sich weniger

„Konzentrieren Sie sich mehr, sorgen Sie sich weniger" ist eine Redewendung, die wir von unseren amerikanischen Kollegen übernommen haben. Die Fähigkeit zur konzentrierten Anwesenheit ist eine Möglichkeit, das Unbehagen zu verringern, das Ihnen Ihre Gedanken und Emotionen geben. Im Großen und Ganzen beruht die Unruhe auf Gedanken und Sorgen über Vergangenes oder Künftiges.

Würden wir nachspüren, ob wir hier und jetzt ein Problem haben, würden die meisten von uns antworten: „Nein, nicht jetzt gerade." Sobald Sie diesen Zustand der konzentrierten Anwesenheit aber wieder verlassen und beginnen, zu grübeln oder sich Sorgen zu machen, taucht das Problem von Neuem auf.

Daher schalten viele mithilfe von Aktivitäten wie Sport, Gartenarbeit und Hobbys ab: Sich auf etwas zu konzentrieren, das die Aufmerksamkeit von Ihrer inneren Fantasiewelt hin zur Wirklichkeit leitet, ins Hier und Jetzt, ist eine effektive Selbsttherapie. Menschen, die die Tendenz haben, sich in negativen Gedanken zu verstricken und sich Sorgen zu machen, bitten wir oft, dieses Muster bewusst zu durchbrechen. Finden Sie etwas, das Ihnen hilft, sich auf das Hier und Jetzt zu kon-

**Finden Sie etwas, das Sie mit der Realität in Kontakt bringt.**

zentrieren. Sie können trainieren, etwas mit den Händen kreieren, intensiv an einem Gespräch teilnehmen oder andere Dinge tun, die Sie mit der Realität in Kontakt bringen.

### Übung

Wenn Sie beginnen unruhig und besorgt zu sein, versuchen Sie, sich eine Stunde lang auf eine konkrete Handlung oder Aufgabe zu konzentrieren. Finden Sie etwas, das Sie so beschäftigt, dass Sie den Fokus weg von Ihrem inneren Drama hin auf etwas richten, das in der Wirklichkeit passiert. Versuchen Sie es mit Computerspielen, Schach, Kartenspielen, oder treiben Sie Sport. Ein Balance- oder Konzentrationssport funktioniert oft am besten, aber auch eine Stunde im Fitnessstudio kann effektiv sein. Ein Kinobesuch hilft bei einigen, ebenso effektiv kann es sein, sich an einem guten Gespräch über ein ganz anderes Thema zu beteiligen.

Nehmen Sie wahr, wie es Ihnen nach einer Stunde intensiver Beschäftigung geht. Eine andere effektive Art und Weise, negativen Situationen oder negativen Gedanken zu entfliehen, ist der Versuch, diese zu vermeiden.

## Reißen Sie die schlechten Gedanken heraus

Gedanken rausreißen heißt, eine Gedankenfolge, die Ihnen nichts bringt außer Stress und Unbehagen, einfach zu unterbrechen. Die meisten von uns wissen nur zu gut, dass das Grübeln und die negativen Bilder zu psychologischem Unwohlsein und negativen Situationen führen, ohne dass

irgendwelche Lösungen oder neue kreative Gedanken dabei herauskommen.
Dennoch ist es zunächst schwierig, sich aus diesem Grübeln zu befreien, denn Sie haben sich dort gut eingerichtet und sich in Ihren eigenen Fantasien verfangen.

**Übung**
Stellen Sie sich vor, Sie besäßen eine mentale Schere, die Sie benutzen können, um störende negative und irrationale Gedanken „abzuschneiden". Denken Sie an einige Ihrer Sorgen und reißen sie raus: „Ich bin schließlich hier und jetzt." Im Augenblick zu sein ist eine gute Absicherung dagegen, dass es einem schlecht geht. Nachdem Sie dies geübt haben, werden wir uns einige problematische Situationen anschauen, in die viele von uns geraten, aus denen sie aber gern wieder herauskommen möchten.

## Problematische Situationen erkennen und auflösen

### Einleitung

Im Folgenden haben wir typische problematische Situationen aufgeführt, die oft lästig sind und häufig altbekannte und festgefahrene Verhaltensweisen zur Folge haben. Wir geben Ihnen eine kurze Hilfestellung, woran Sie arbeiten und woran Sie denken sollten, falls Sie sich in einigen von ihnen wiedererkennen.

## Bewusstmachen der problematischen Situation

Zu jeder der kritischen Situationen gibt es zunächst vier Fragen, die Sie genau durcharbeiten sollten, um größtmögliche Klarheit zu erreichen.

### Übung

1. Wir möchten, dass Sie die kritische Situation, die Sie wiedererkennen, in Worte fassen. Beschreiben Sie, wo in Ihrem Körper Sie das Problem wahrnehmen, denn alle Probleme haben eine konkrete physische Komponente (Magen, Brust, Nacken, Kopf).
2. Beschreiben Sie die Situation im Detail. Wer/was bringt Sie in diese problematische Situation?
3. Versuchen Sie, so gut Sie können, Klarheit in Ihre negativen Gedanken zu bekommen. Zunächst in die, die Sie über andere haben, und dann in die über sich selbst. Diese Gedanken tragen viel zu Ihrem negativen Zustand bei. Können Sie das ändern, wird es Ihnen besser gehen.
4. Versuchen Sie sich darüber klar zu werden, wie Sie sich normalerweise verhalten, wenn Sie in diese kritische Situation kommen. Was tun Sie, was sagen Sie? Ihr Verhalten verstärkt oft Ihre negativen Gedanken und führt dazu, dass es Ihnen schlechter geht.

## Nach dem Bewusstmachen kommt die Veränderung

In jedem Fall müssen Sie sich fragen, ob Ihre negativen Gedanken wahr sind. Sie sind oft durch die Worte „immer" und „nie" geprägt. Sie sind schwarz-weiß und haben wenige Nuancen, etwa: „Ich habe mich immer blamiert." Wenn Sie

sich nur ein Mal die Zeit nehmen, um herauszufinden, in welcher Situation Sie sich blamiert haben, haben Sie diesen Mythos (die Wahrheit) widerlegt. Wenn Sie neue gute und richtige Gedanken finden, schreiben Sie diese auf.
Sie müssen sich im Vorfeld einen persönlichen Merkzettel (siehe oben) erstellt haben, von dem Sie wirklich überzeugt sind. Benutzen Sie diesen jedes Mal, um aus schwierigen Situationen herauszukommen. Auf diesem Merkzettel stehen die wahren positiven Dinge über Sie!
In jedem Fall üben Sie bitte, die Gedanken zu löschen, die Ihnen ein schlechtes Gefühl geben. Das ist eine Herausforderung und ungewohnt, wenn Sie es zum ersten Mal machen. Sie müssen es trainieren, denn „Alles, was ich nicht kann, muss ich üben“. Hier gilt das alte Sprichwort „Übung macht den Meister“. Wenn Sie sich daran gewöhnen, wird es Sie ins Hier und Jetzt zurückbringen.
Wenn Sie neue Verhaltensweisen entdecken, die Sie benötigen, um aus dem negativen Zustand herauszukommen, schreiben Sie diese konkret auf. Gehen Sie dabei auf eine ganz praktische Ebene: Wie soll ich sprechen? Wie soll ich mich verhalten, um zufriedener zu sein? Wählen Sie eine dieser Verhaltensweisen aus und trainieren diese einige Monate lang.

**Lesen Sie aufmerksam die Abschnitte über die Probleme, die Sie haben.**

Für jede der unten aufgeführten problematischen Situationen geben wir einige Beispiele für typische Gedanken und Verhaltensweisen. Die Beispiele sind nur als Hilfestellung gedacht. Ihnen fällt bestimmt viel mehr ein. Bei fortdauerndem Selbstcoaching werden Sie allmählich Ihre Auslöser wiedererkennen und merken, sobald Sie in einen negativen Zustand kommen, und fortan weniger in Ihrem alten Muster gefangen sein. Sie werden schrittweise erleben, dass Sie zufriedener und flexibler werden und ein wertvoller und positiver Mensch sind.

## Was tun, wenn Sie deprimiert sind?

Nach unserer Erfahrung lassen sich bei vielen, die mit der Zeit Symptome entwickeln, einige Gemeinsamkeiten im Lebensstil feststellen. Wenn Sie beispielsweise dazu neigen, niedergeschlagen oder deprimiert zu sein, kann das damit zusammenhängen, wie Sie mit sich selbst und Ihrer Umgebung umgehen. Oft sind die Beschwerden durch den Lebensstil bedingt. Wir stellen Ihnen einige Haltungen vor, die Sie für sich überprüfen können, und geben Ihnen einige Ratschläge zum Training.

1. Wie stehen Sie zu Selbstkritik? Haben Sie die Tendenz, negativ über sich selbst und Ihr Handeln zu denken? Glauben Sie, nicht gut genug zu sein? Verurteilen Sie sich selbst, quälen Sie sich mit Reue und schlechtem Gewissen? Dann müssen Sie vielleicht daran arbeiten, die Erwartungen an sich auf eine realistischere Stufe herunterzuschrauben. Sprechen Sie mit anderen und finden Sie heraus, ob diese so negativ über Sie denken, wie Sie glauben. Und nicht zuletzt: Schreiben Sie Ihre negativen Gedanken über sich selbst ins Trainingsbuch und gehen diese regelmäßig durch, um zu überprüfen, ob Sie in Ihrer Selbstverurteilung noch immer der gleichen Meinung sind oder ob Sie inzwischen positivere Gedanken haben.
2. Wie verhalten Sie sich gegenüber Ihren eigenen Bedürfnissen? Wie offen kommunizieren Sie anderen gegenüber, was Sie sich wünschen und was Sie brauchen? Neigen Sie dazu, sich selbst zu erzählen, das sei nicht so wichtig? Trauen Sie sich, verletzbar zu sein, bitten Sie um Hilfe oder Nähe! Oder sind Sie der Meinung, dass Sie diese Schwäche nicht zeigen dürfen? Vielleicht sind Sie so daran gewöhnt, sich auf die Bedürfnisse anderer

zu konzentrieren, dass Sie nicht mehr so recht wissen, was Sie selbst eigentlich brauchen. Dann ist es an der Zeit, sich hinzusetzen und dem nachzuspüren.

3. Sind Sie generell nicht so gut darin, Ihre Meinung zu sagen? Können Sie Nein sagen, Grenzen setzen, Ihre eigene Integrität und Wahlfreiheit schützen? Oder haben Sie die Neigung, sich überfahren zu lassen, für andere da zu sein, ohne dass Sie es eigentlich möchten? Sagen Sie, was Sie denken, oder haben Sie Angst davor, kritisiert, nicht gemocht oder zurückgewiesen zu werden? Vielleicht charakterisieren Sie sich selbst zur Sicherheit als Feigling oder Verlierer? In welcher Weise beeinträchtigen Sie diese Gedanken? Reagieren Sie froh, traurig, wütend oder ängstlich? Versuchen Sie herauszufinden, welches Unwohlsein Sie befürchten, wenn Sie beginnen würden, Ihre Bedürfnisse zu artikulieren!
4. Sind Sie nie wütend, immer lieb, freundlich, hilfsbereit und vorsichtig? Genervtheit und Wut zu unterdrücken, kann langfristig den Grundstein für Depressionen legen. Eine angespannte Muskulatur und oberflächliches Atmen, um möglichst wenig zu fühlen, haben die gleiche Wirkung.
5. Sind Sie in der Lage, Raum in der Öffentlichkeit, auf Besprechungen, mit Ihren Freunden oder in Ihrer Familie einzunehmen? Bekommen Sie genügend Platz auf dem Stuhl, auf dem Sie gerade sitzen, ist das Verhältnis zu Ihren Freunden gleichwertig? Denken Sie ständig darüber nach, dass Sie sich blamieren werden, dass Sie war-

ten können, bevor Sie etwas sagen, oder dass das auch nicht so wichtig ist? Damit es Ihnen gut geht, müssen Sie lernen, genügend Platz einzunehmen und sich zu behaupten.

6. Isolation ist eine weitere wichtige Ursache für Depression. Kontakt ist ein grundlegendes Bedürfnis des Menschen. Haben Sie genug Kontakt? Haben Sie genügend Freunde, die Ihnen nahe genug sind? Vermissen Sie einen Partner, haben es aber aufgegeben, aktiv zu werden? Ist Ihr Nachbar für Sie jemand, dem man nicht allzu viel Aufmerksamkeit schenken muss? Sind Ihre Kollegen Menschen, mit denen Sie nur zufällig zusammenarbeiten? Was könnten Sie tun, um sich mehr Kontakt zu verschaffen? Mit wem könnten Sie den Kontakt wiederaufnehmen? Wem gegenüber hegen Sie seit Langem bittere oder verletzte Gefühle?
7. Passivität ist der Königsweg zur Depression. „Ich schaffe es nicht, ich kann nicht, ich will nicht, ich sollte nicht. Das nützt sowieso nichts, jetzt ist es zu spät, ich werde das nicht schaffen, ich weiß nicht, wo ich anfangen soll, ich bin überwältigt von dieser Aufgabe und werde versagen." Derartige Gedanken gefolgt von Passivität, fehlender Initiative und Kontaktaufnahme machen Sie depressiv und werden Sie mit der Zeit stark negativ beeinflussen.

**Trainingshandbuch**

Um aus dem depressiven, niedergeschlagenen Zustand herauszukommen, machen Sie zunächst die im Kapitel „Auswege aus festgefahrenen Verhaltensweisen" beschriebenen Übungen.

### Übung

**Schritt 1:** Beschreiben Sie den Zustand, den Sie als Depression bezeichnen, so genau wie möglich: traurig, hoffnungslos, resigniert. Spüren Sie nach, wo in Ihrem Körper dieses Gefühl zu finden ist.

**Schritt 2:** Entsteht dieser Zustand in speziellen Beziehungen oder Situationen? Jedes Mal, wenn wir weggehen, wenn jemand wütend ist, wenn mich jemand verlässt?

**Schritt 3:** Haben Sie in dieser Situation negative Gedanken? Keiner mag mich, ich bin denen egal, es ist meine Schuld.

**Schritt 4:** Welches Verhalten ist typisch für Sie? Ich werde schweigsam, ich ziehe mich zurück, ich fahre nach Hause, ich kapsle mich ab und nehme keinen Kontakt mehr auf.

Beim Durcharbeiten dieser Punkte werden Sie Klarheit darüber erlangen, wann es passiert, was Sie denken und wie Sie sich verhalten. Ist es jedes Mal gleich? Versuchen Sie, der kritischen Situation zu entkommen, indem Sie alternative Strategien entwickeln: eine andere Art aufzutreten, andere Gedanken, andere Erklärungen. Was können Sie anders machen?

### Übung

**Schritt 1:** Konzentrieren Sie sich auf die äußere Realität. Seien Sie hier und jetzt anwesend!

**Schritt 2:** Durchschauen Sie Ihren inneren Kritiker. Schauen Sie sich Ihre negativen Gedanken an, die Sie aufgeschrieben haben. Finden Sie andere, die ebenso wahr sind? Nehmen Sie Ihren persönlichen Merkzettel zu Hilfe. Dort steht, was Sie können und warum andere Sie gern haben. Wie könnte eine andere rationale Denkweise aussehen? Würden Sie andere in der gleichen Situation ähnlich hart verurteilen? Versuchen Sie, die alten negativen Gedanken zu löschen und nicht weiter über das Problem nachzugrübeln.

**Schritt 3:** Wählen Sie alternative Verhaltensweisen: „Beim nächsten Mal bleibe ich in der Situation, statt nach Hause zu gehen. Ich werde mit jemandem sprechen, statt stumm dazusitzen. Ich werde mich konzentrieren und mit den anderen im Kontakt sein."

Denken Sie daran, dass es darum geht, wieder und wieder neue Gedanken und Verhaltensweisen zu trainieren, bis Sie diese beherrschen. Das ist nicht leicht, aber so ist es mit allem, was neu und ungewohnt ist. Geben Sie sich selbst die Chance, sich besser zu fühlen.

## Was tun, wenn Sie unter Angst oder Unruhe leiden?

Weit mehr Menschen, als Sie glauben, werden von Unruhe gequält. Sprechen Sie offen über Ihre Angstprobleme, und Sie werden sehen, dass Ihr Gegenüber sich öffnen wird.

Die meisten denken, sie seien mit ihren Beschwerden allein. Wir wollen uns einige Gemeinsamkeiten in der Lebensstrategie bei denjenigen anschauen, die unter Unruhe leiden:

1. Die falsche Deutung von Bauchgefühlen ist eine Gemeinsamkeit bei den meisten gemäßigten Angst- und Unruhezuständen. Versuchen Sie darauf zu beharren, dass Angst ein Signal ist und dass Sie versuchen müssen, durch Hinhören zum eigentlichen Inhalt zu gelangen. Dann können Sie erkennen, dass Sie eigentlich traurig sind, aber zu wenig weinen, dass Sie wütend sind, aber zu wenig Ihre Meinung sagen, dass Sie viel netter sind und sich viel mehr selbst verleugnen, als Sie eigentlich vertragen können, dass Sie das Bedürfnis nach Kontakt haben, sich aber selbst einschränken. Erkennen Sie etwas davon wieder, sollte Ihr Training darin bestehen, Gefühle zu zeigen, Grenzen zu setzen und einen persönlicheren Kontakt aufzubauen.
2. Selbstkritik ist ein wichtiges Thema für die meisten, die Angst oder Unruhe entwickeln. Sind Sie sehr auf Ihre Fassade bedacht? Haben Sie Angst davor, durchschaut oder entlarvt zu werden? Dann haben Sie viel gemein mit den meisten Menschen, die unter diesen Symptomen leiden. Je wichtiger es für Sie ist, etwas geheim zu halten und eine perfekte Fassade zu zeigen, desto mehr leiden Sie. Deshalb müssen Sie beginnen, Dinge an die Öffentlichkeit zu bringen. Erzählen Sie jemandem, dem Sie vertrauen, womit Sie Schwierigkeiten haben. Das ist der erste Schritt hinaus aus dem Dampfkochtopf.

3. Die meisten entwickeln auch eine Reihe äußerlicher „Aufhänger“ als Erklärung für ihre Unruhe. Dieser Aufhänger kann vieles sein: Tunnel, Flugzeuge, öffentliche Plätze, geschlossene Räume, Schlangen, Krankheiten, andere Menschen. Wenn Sie eine alte Unsicherheit als Auslöser mit sich herumtragen, ist es leicht, Ihr Gefühl auf einen passenden äußeren Aufhänger zu lenken. Die Magie liegt darin, die Aufhänger zu umgehen: Solange Sie nicht den Fahrstuhl benutzen, ist alles in Ordnung. Das Training aber besteht darin, das Fahrstuhlfahren zu trainieren. Lassen Sie sich dabei von jemandem begleiten, der Sie unterstützen kann!
4. Wer die eigene Unruhe mit Aufhängern erklärt, entwickelt Ausweichstrategien: Sie setzen sich im Kino stets auf den äußersten Platz, Sie bestellen Dinge statt einkaufen zu gehen, Sie nehmen die Treppe und nicht den Fahrstuhl, Sie verbringen keine Zeit mit Menschen, die Sie nicht kennen, Sie reden nicht in einer Gruppe von mehr als drei Menschen. Erobern Sie sich Ihre Bewegungsfreiheit zurück! Stellen Sie sich der Realität, bis die von Ihnen erschaffene Fantasie keine Gültigkeit mehr besitzt!
5. Die Angst vor der Angst spiegelt im Grunde alte Erinnerungen daran wider, wie unerträglich es für das hilflose kleine Kind war, Angst zu haben, ohne die Fähigkeit zu besitzen, sich selbst zu trösten. Einigen hilft es tatsächlich, sich darauf zu besinnen, dass sie erwachsen sind, um nicht in das Erleben von Kleinsein und Hilflosigkeit abzugleiten.

6. Denken Sie daran, sich beizubringen, Ihre Schmetterlinge im Bauch zu lieben! Die Art und Weise, wie Sie Ihre Unruhe definieren, macht oft einen großen Teil des Problems aus. Wenn Sie sich selbst einreden, die von Ihnen wahrgenommene Unruhe sei der Vorläufer einer Angstattacke, versuchen Sie schrittweise zu lernen, Ihre Schmetterlinge und Unruhe zu akzeptieren. Denken Sie vielmehr: „Ich spüre die Unruhe, und das bedeutet: Ich probiere etwas Neues. Ich übe, ich bin auf dem rechten Weg, ich entwickle mich weiter!"

**Trainingshandbuch**

Um Ihre Angst oder Unruhe abzulegen, machen Sie zunächst die im Kapitel „Auswege aus festgefahrenen Verhaltensweisen" beschriebenen Übungen.

### Übung

**Schritt 1:** Beschreiben Sie den Zustand, den Sie als Unruhe oder Angst bezeichnen, so genau wie möglich: Ich habe Angst, bin ruhelos, zittere, bin gestresst. Spüren Sie nach, wo im Körper dieses Gefühl zu finden ist: Magen, Brust?

**Schritt 2:** Entsteht dieser Zustand in speziellen Beziehungen oder Situationen? Jedes Mal, wenn wir weggehen, wenn jemand wütend ist, wenn mich jemand verlässt, wenn ich die Straßenbahn, den Zug, den Fahrstuhl nehme oder wenn ich wütend bin, aber mich nicht traue, etwas zu sagen?

**Schritt 3:** Haben Sie in dieser Situation negative Gedanken beispielsweise über Katastrophen, Angst vor Fahrstühlen, Tunnel? Keiner mag mich, ich bin dumm. Was passiert, wenn ich sage, wie ängstlich ich bin?

**Schritt 4:** Welches Verhalten ist typisch für Sie, wenn Sie unruhig werden? Ich werde schweigsam, ziehe mich zurück, weiche dem aus, wovor ich Angst habe, fahre nach Hause. Ich kapsle mich ab, nehme keinen Kontakt mehr auf.

Beim Durcharbeiten dieser Punkte werden Sie Klarheit darüber erlangen, wann es passiert, was Sie denken und wie Sie sich verhalten. Ist es jedes Mal gleich? Versuchen Sie, der kritischen Situation zu entkommen, indem Sie alternative Strategien entwickeln: eine andere Art aufzutreten, andere Gedanken, andere Erklärungen. Was können Sie anders machen?

### Übung

**Schritt 1:** Konzentrieren Sie sich auf die äußere Realität. Seien Sie hier und jetzt anwesend.

**Schritt 2:** Versuchen Sie, die Situation wiederzuerkennen: Das kenne ich schon, das passiert jedes Mal. Es sind die gleichen Personen oder Situationen, die mich dazu bringen, so zu sein. Das ist nichts Neues oder Gefährliches.

**Schritt 3:** Schauen Sie sich die negativen Gedanken an, die Sie aufgeschrieben haben. Sind das die einzigen Gedanken, die wahr sind? Denken Sie daran, dass es sich nur um Schmetterlinge im Bauch handelt. Sie sind es, der sie negativ macht. Nehmen Sie Ihre persönliche Merkliste zu Hilfe. Dort steht, was Sie können und warum andere Sie gern haben. Haben Sie das vergessen? Wie könnte eine andere rationale Denkweise aussehen? Was würden Sie über andere Menschen in der gleichen Situation denken? Versuchen Sie, die alten negativen Gedanken zu löschen und nicht weiter über das Problem nachzugrübeln.

**Schritt 4:** Wählen Sie alternative Verhaltensweisen: Beim nächsten Mal bleibe ich in der Situation, statt nach Hause zu gehen. Ich werde mit jemandem darüber sprechen, was für ein Gefühl ich im Magen habe, statt stumm dazusitzen. Ich werde mich konzentrieren und im Hier und Jetzt mit den anderen im Kontakt sein. Ich werde trotzdem die Straßenbahn nehmen, ich überlebe es, eine Etage mit dem Fahrstuhl zu fahren, und werde nicht daran zerbrechen.

Denken Sie daran, dass es darum geht, wieder und wieder neue Gedanken und Verhaltensweisen zu trainieren, bis Sie diese beherrschen. Das ist nicht leicht, aber so ist es mit allem, was neu und ungewohnt ist. Geben Sie sich selbst die Chance, sich besser zu fühlen. Wagen Sie mehr!

## Was tun, wenn Sie nicht Nein sagen können?

Viele Menschen haben Schwierigkeiten damit, Grenzen zu setzen. Im Extremfall kann das Ausgebranntheit und

Symptome wie Angst und Depression zur Folge haben. Wir haben schon über Zeitnot und Aussagen wie „Einer muss es ja schließlich machen" gesprochen. In den Medien stehen hier vor allem Frauen im Mittelpunkt, da sie sich mit den hohen Erwartungen konfrontiert sehen, perfekte Mutter, Liebhaberin, Hausfrau und Arbeitnehmerin zu sein. Männer haben häufig ebenso große Probleme, wenn sie Arbeitstier, Vater, Hausbauer, Hausmeister und perfekter, athletischer Liebhaber sein sollen.

1. Eine der häufigsten Ursachen für Probleme mit dem Setzen von Grenzen ist die Angst davor, nicht gut genug zu sein. Sie nennen es vielleicht Verantwortungsbewusstsein und beschreiben dies als eine Qualität, die jeder anständige Mann und jede anständige Frau haben sollte. Oft ist jedoch nicht Verantwortungsbewusstsein und positives Interesse die treibende Kraft, sondern vielmehr die Angst, nicht akzeptiert zu werden, von anderen nicht gemocht oder anerkannt zu werden. Sie lassen sich von Ihrem persönlichen Unwohlsein leiten und nicht von einem positiven Interesse. Wenn Sie sich darin wiederfinden, ist es eine gute Idee, das Neinsagen zu üben und zu versuchen, die Angst vor dem, was andere denken könnten, zu ertragen. Prüfen Sie, ob Sie mit Ihren Gedanken recht haben.
2. Geht es Ihnen wie oben beschrieben, sollten Sie sich vor Schmeicheleien in Acht nehmen. Talentierte Schmeichler könnten Sie dazu bringen, sich völlig zu verausgaben, um Ihr Selbstbewusstsein zu füttern. Ein Journalist

erzählte, wie geehrt er sich fühlte, als sein Chefredakteur ihn mitten in der Nacht anrief: „Sie sind der Einzige, der diesen anspruchsvollen Job machen kann!" Als er am nächsten Tag erschöpft und glücklich in die Redaktion kam, sagte ihm einer der routinierteren Redakteure: „Ach, du hast den Job also übernommen!" Sein Selbstwertgefühl war nicht mehr das Gleiche, als er erfuhr, dass er der vierte gewesen war, den der Chefredakteur gefragt hatte.

3. Eine interessante Kraft, die uns antreibt, ist das Unvermögen, die Passivität und Hilflosigkeit anderer zu ertragen: „Einer muss es ja machen." Das ist eine typische Anführerstrategie. „Ich muss einfach!" ist einer der automatischen Gedanken, die uns ständig in den Kopf kommen. Versuchen Sie, sich eine einleuchtende Frage zu stellen: „Muss ich überhaupt irgendetwas?" Halten Sie sich an Ihrem Stuhl fest, lehnen Sie sich zurück, und versuchen Sie, die Passivität und Verantwortungslosigkeit anderer zu ertragen. Versuchen Sie herauszufinden, was es Ihnen so schwer macht, es sein zu lassen, alles erledigen zu wollen. Was, denken Sie, könnte passieren, wenn Sie einfach nichts tun?
4. Schlechtes Gewissen ist ein Klassiker: „Ich muss doch helfen, ein Ohr für anderer Leute Probleme haben und dafür sorgen, dass es allen gut geht!" Aber was ist Ihre Motivation? Sind Sie so nett? Oder haben Sie Angst, zu enttäuschen, zurückgewiesen oder nicht gemocht zu werden? Oder haben Sie vielleicht Angst vor der Wut

anderer? Glauben Sie, dass Sie als ein einsamer, ausgestoßener armer Kerl enden könnten, wenn Sie sich nicht einsetzen? Denken Sie daran: All diese kritischen Gedanken sind nur Ihre eigenen. Es ist vielleicht leichter, sie zu stoppen, wenn Sie das verstehen. Trainieren Sie, etwas nicht zu tun, und beobachten Sie Ihre aufkommenden Gedanken.

5. Sie haben vielleicht Probleme damit, zu erkennen, wozu Sie selbst Lust haben, aber haben sehr gute Antennen dafür entwickelt, was andere wollen? Dann müssen Sie mehr Ihren eigenen Bedürfnissen nachspüren! Beginnen Sie mit den kleinen Dingen: Was habe ich Lust zu essen? Welchen Film möchte ich sehen? In welches Café möchte ich gern gehen? Worüber mag ich gerne sprechen? Wenn Ihre übliche Antwort auf diese Art von Fragen ist „Das spielt keine so große Rolle“, haben Sie eine Aufgabe: Dann müssen Sie hier und jetzt beginnen, Ihre eigenen Wünsche genauso ernst zu nehmen wie die der anderen.
6. Denken Sie daran: Der Sinn des Neinsagens besteht darin, Ja zu dem sagen zu können, was positiv für Sie ist! Was macht Sie glücklich? Was verleiht Ihnen ein gutes Gefühl? Mit wem zusammen amüsieren Sie sich?

**Trainingshandbuch**

Um Nein sagen zu können, machen Sie zunächst die im Kapitel „Auswege aus festgefahrenen Verhaltensweisen“ beschriebenen Übungen.

### Übung

**Schritt 1:** Beschreiben Sie den Zustand, in den Sie kommen, wenn Sie ständig zu allem Ja sagen. Werden Sie unruhig? Spüren Sie nach, wo im Körper dieses Gefühl zu finden ist. Sind Sie irritiert oder wütend? Oder werden Sie vielleicht traurig?

**Schritt 2:** In welchen speziellen Situationen passiert das? Jedes Mal, wenn Sie abends mit anderen weggehen? Wenn jemand um Hilfe bittet? Wenn jemand etwas von Ihnen erwartet? In Diskussionen? Wenn jemand weint und traurig ist, oder wenn jemand wütend oder hilflos wirkt?

**Schritt 3:** Haben Sie in dieser Situation negative Gedanken? Wenn ich nicht helfe, werden sie sehr traurig sein. Sie glauben, ich bin gemein. Wenn ich nicht nett bin, werden sie mich nicht mögen. Was würde passieren, wenn ich Nein sage?

**Schritt 4:** Welches Verhalten ist typisch für Sie? Ich lächle die ganze Zeit. Ich laufe umher wie ein Getriebener, werde in alle Richtungen gezogen und immer überredet. Ich arbeite und helfe die ganze Zeit. Ich bin ein guter Zuhörer.

Beim Durcharbeiten dieser Punkte werden Sie Klarheit darüber erlangen, wann Sie wieder nicht Nein sagen konnten, was Sie denken und wie Sie sich verhalten. Ist es jedes Mal gleich? Versuchen Sie, dieser kritischen Situation zu entkommen, indem Sie alternative Strategien entwickeln: eine andere Art aufzutreten, andere Gedanken, andere Erklärungen. Was können Sie anders machen?

### ||| Übung

**Schritt 1:** Lassen Sie sich nicht darauf ein, unglücklich zu werden. Konzentrieren Sie sich auf die äußere Realität. Sie müssen gar nichts. Entspannen Sie sich!

**Schritt 2:** Durchschauen Sie die Situation. Das kenne ich schon, das geschieht jedes Mal. Es sind die gleichen Personen, die mich dazu bringen, so zu sein.

**Schritt 3:** Schauen Sie sich die negativen Gedanken an, die Sie aufgeschrieben haben. Müssen Sie ständig für andere da sein? Müssen Sie ständig lächeln? Sagen Sie lieber: „Ich muss gar nichts. Ich habe das Recht, Nein zu sagen. Ich habe auch Bedürfnisse." Nehmen Sie Ihren persönlichen Merkzettel zu Hilfe. Dort steht, was Sie können und warum andere Sie gern haben. Wie könnte eine andere rationale Denkweise aussehen? Was würden Sie über andere Menschen in der gleichen Situation denken und so weiter. Versuchen Sie, die alten negativen Gedanken zu löschen und nicht weiter über das Problem nachzugrübeln.

**Schritt 4:** Wählen Sie alternative Verhaltensweisen. Beim nächsten Mal bleibe ich in der Situation und sage Nein. Ich will nicht mehr, ich habe keine Lust dazu, jetzt ist es genug.

Denken Sie daran, dass es darum geht, wieder und wieder neue Gedanken und Verhaltensweisen zu trainieren, bis Sie diese beherrschen. Das ist nicht leicht, aber so ist es mit allem, was neu und ungewohnt ist. Geben Sie sich selbst die Chance, sich besser zu fühlen!

## Was tun, wenn Sie Beziehungsprobleme haben?

Im Grunde haben alle hin und wieder Probleme im Zusammenleben. Die Themen können variieren: Erziehung der Kinder, Sexualleben, Freunde, Familie, Zeiteinteilung, Machtverhältnisse, finanzielle Fragen. Die Liste könnten wir unendlich weiterführen. Bei einigen der Probleme, die wir selbst schon erlebt haben, könnte es dennoch Sinn machen, genauer hinzuschauen:

1. Eine Hauptursache für Beziehungsprobleme ist schlechter Kontakt oder Kontaktabbruch. Viele fühlen sich in ihrer Beziehung nicht gesehen, verstanden oder anerkannt. Doch statt frustriert über Ihren Partner zu sein und zu warten, dass er oder sie sich verändert und versteht, dass er Sie nicht für selbstverständlich nehmen darf, können Sie aktiv etwas tun. Um gesehen zu werden, müssen Sie sich sichtbar machen, und das können Sie tun, indem Sie in einer persönlichen Art darüber sprechen, was Sie meinen, wünschen und fühlen. Trainieren Sie, nach außen zu zeigen, was in Ihnen vorgeht. Arbeiten Sie daran, klar und deutlich Ihre Wünsche und Bedürfnisse zu kommunizieren und für sie einzustehen. Denken Sie daran, das Vermitteln eines klaren Absenders und eines deutlichen Empfängers zu üben: „Ich spreche mit dir!" Wenn Sie sichtbar sein möchten, müssen Sie deutlich sprechen, mit guter Lautstärke, Blickkontakt herstellen und sich nicht so kleiden, als wollten Sie mit der Tapete im Partnerlook gehen.
2. Von einem amerikanischen Therapeuten lernten wir vor vielen Jahren eine gute Übung, die Sie mit Ihrem Part-

ner praktizieren können: „Blaming, claiming, appreciation." Blaming heißt, dem Gegenüber Vorwürfe zu machen. Können Sie das gut? Da haben Sie etwas mit den meisten Menschen gemeinsam. Claiming heißt, etwas zu fordern und zu wünschen. Hinter jedem Vorwurf liegt eine Erwartung oder ein Wunsch. Versuchen Sie also, einen Wunsch statt eines Vorwurfs zu formulieren. Wenn Sie sich von Ihrer Wut mithilfe von Vorwürfen befreien, riskieren Sie einen Kontaktabbruch! Der dritte Teil der Übung heißt appreciation, also: Was ich an dir mag. Gäbe es nichts, was Sie an Ihrem Partner mögen oder was Sie an ihm vermissen, wären Sie anfangs wohl kaum so verärgert gewesen.

3. Die Verteilung von Schuld ist eine typische und unangenehme Übung in den meisten Beziehungen. Bleiben Sie auf Ihrer Seite des Spielfeldes und schieben die Verantwortung für Glück oder Unglück nicht auf Ihren Partner! Wenn Sie eine Tendenz dazu haben, Ihren Partner zu beschuldigen, kann das ein Zeichen dafür sein, dass Sie selbst ein zu starkes Schuldgefühl haben. Das ist normalerweise das zentrale Motiv dafür, Ihr Unwohlsein auf den Partner zu übertragen. Geht es Ihrem Partner so, machen Sie ihn oder sie darauf aufmerksam, wie unangenehm es ist, um des lieben Friedens willen ständig die Schuld auf sich nehmen zu müssen.
4. Eine gute Kommunikationsübung ist der Versuch, das vom Partner Gesagte zu wiederholen und zu überprüfen, ob Sie ihn oder sie richtig verstanden haben. Das kön-

nen Sie üben, wenn Sie merken, dass die „Betriebstemperatur" in Ihrer Partnerschaft ansteigt. Als Übung lassen wir oft den einen Partner fünf Minuten lang reden, während der andere nur zuhört. Dann wiederholt der Zuhörende sein Verständnis dessen, was gesagt wurde, und lässt sich so lange korrigieren, bis der Erzählende sich verstanden fühlt. Danach tauschen wir die Rollen. Oft ist es auffällig, wie wichtig es für die Partner ist, zu erleben, dass sie verstanden werden. Sie müssen nicht einmal einer Meinung sein. Oft kann es erlösend sein zu sagen: „Wir sind in diesem Punkt wohl uneinig, aber das ist für mich völlig in Ordnung."

5. Sprechen Sie mit Ihrem Partner über Ihre und dessen Auslöser. Auslöser sind Ihre wunden Punkte, bei denen Sie beispielsweise nicht ertragen, dass jemand auf Ihnen herumtrampelt, und bei denen Sie sicher ständig das Gefühl haben, dass Ihr Partner keine Rücksicht auf sie nimmt. Denken Sie daran, dass Ihre wunden Punkte Ihre eigenen sind. Wie Sie mit Zurückweisung, Kritik, Belehrung, Gleichgültigkeit, Wut und Ungerechtigkeit fertig werden, ist Ihre eigene Verantwortung. Verschließen Sie sich, fühlen sich innerlich klein und hilflos und werden nach außen wütend und abweisend, so ist das Ihre Verantwortung! Sprechen Sie lieber darüber, wie schwer es für Sie ist, das, was Sie beispielsweise als Zurückweisung empfinden, zu ertragen. Versuchen Sie, dem anderen zuzuhören, wenn das Motiv ein anderes ist, als Sie dachten. Denken Sie daran, dass das, was Sie als Kritik

auffassen, manchmal ein Ausdruck von Fürsorge und Sorge um Sie ist. Auf einem Paarseminar haben wir einmal jeden einzelnen Teilnehmer gebeten, aufzuschreiben, was er oder sie am jeweiligen Partner nicht ertragen konnte. Später untersuchten wir, welche Art von Auslöser jedem Einzelnen zu schaffen machte. Als wir sie baten, die beiden Listen zu vergleichen, wurde deutlich: Die wunden Punkte, die jeder Einzelne aus dem Verhältnis zu den Eltern mitgebracht hatte, fanden sie nun als Erklärung dafür wieder, was am Partner nicht in Ordnung war.

6. Sind Sie in Ihrer Beziehung gleichwertig, oder braucht immer einer Hilfe, Unterstützung und Fürsorge in der Beziehung? Gibt es einen, der alle Entscheidungen hinsichtlich der Finanzen trifft? Für die Kindererziehung? Dafür, auf welche Weise Gefühle oder Bedürfnisse in der Beziehung ausgedrückt werden sollen? Dafür, wie es zu Hause aussehen soll? Wer zu Besuch kommen darf? Ist einer immer der Feiernde und Verantwortungslose? Auf längere Sicht schafft ein solches Ungleichgewicht Unzufriedenheit. Ist dies der Fall, kann es Zeit sein, mit dem Partner darüber zu sprechen.
7. Was investieren Sie und Ihr Partner in Ihre Beziehung? Wenn eine Partnerschaft erfolgreich sein soll, müssen beide bereit sein, Einsatz zu bringen. Das kann ein gutes Gesprächsthema sein. Was sind Sie bereit, an Zeit und konkreten Veränderungen zu investieren, damit Sie als Paar erfolgreich sein können?

**Trainingshandbuch**

Um Beziehungsprobleme zu vermeiden, machen Sie zunächst die im Kapitel „Auswege aus festgefahrenen Verhaltensweisen" beschriebenen Übungen.

### Übung

**Schritt 1:** Beschreiben Sie den Zustand, in den Sie kommen, so genau wie möglich: Ich bin gestresst und aufgebracht. Ich bin unglücklich, traurig und resigniert. Spüren Sie nach, wo im Körper dieses Gefühl zu finden ist.

**Schritt 2:** Die Situation ist immer die gleiche. Jedes Mal, wenn wir uns streiten, wenn mein Partner wütend wird, nicht antwortet und einfach geht.

**Schritt 3:** Haben Sie in dieser Situation negative Gedanken? Mein Partner mag mich nicht, kritisiert mich ständig. Oder mein Partner ist hoffnungslos, gemein, dominant, rücksichtslos, lieblos. Das bringt nichts mehr, ich werde meinen Partner verlassen. Erkennen Sie, dass es Ihnen schlecht geht, wenn Sie entweder negativ und kritisch über sich selbst oder Ihren Partner denken!

**Schritt 4:** Welches Verhalten ist typisch für Sie? Ich jammere, mache Vorwürfe, weine, werde schweigsam, ziehe mich zurück, bin diplomatisch und gehe.

Beim Durcharbeiten dieser Punkte werden Sie Klarheit darüber erlangen, wann Beziehungsprobleme auftreten, was Sie denken und wie Sie sich verhalten. Ist es jedes Mal gleich? Versuchen Sie, dieser kritischen Situation zu entkommen, indem Sie alternative Strategien entwickeln: eine andere Art aufzutreten, andere Gedanken, andere Erklärungen. Was können Sie anders machen?

### Übung

**Schritt 1:** Kommen Sie nicht jedes Mal in die gleiche Situation. Konzentrieren Sie sich auf das, was passiert. Seien Sie hier und jetzt anwesend. Versuchen Sie, den Blick zu heben und sich aus dem Zustand zu befreien.

**Schritt 2:** Versuchen Sie, die Situation wiederzuerkennen. Das kenne ich schon, das passiert jedes Mal. Es sind die gleichen Handlungen und Worte, die mich wütend werden lassen.

**Schritt 3:** Schauen Sie sich die Gedanken an, die Sie aufgeschrieben haben. Was ist mit den positiven Eigenschaften Ihres Partners? Haben Sie die vergessen? Was mögen andere an Ihrem Partner? Was ist mit Ihren eigenen guten Eigenschaften, die Sie aufgeschrieben haben, als Sie Ihren persönlichen Merkzettel erstellt haben? Dort steht, warum andere Sie gern haben. Schauen Sie sich diese genau an! Wie wäre es, einen positiven Merkzettel für Ihren Partner zu schreiben? Wie könnte eine andere rationale Denkweise aussehen? Versuchen Sie, die alten negativen Gedanken zu löschen und nicht weiter über das Problem nachzugrübeln.

**Schritt 4:** Wählen Sie alternative Verhaltensweisen. Beim nächsten Mal bleibe ich in der Situation. Ich werde mit meinem Partner über diese negativen Erfahrungen sprechen. Ich werde nur über mich und meine Gefühle sprechen. Ich werde meinen Partner nicht kritisieren, sondern versuchen ihn zu verstehen. Beim nächsten Mal werde ich Bescheid sagen, wenn ich wütend werde. Ich werde neue Fähigkeiten trainieren und neue Kommunikationsfähigkeiten erlernen.

Denken Sie daran, dass es darum geht, wieder und wieder neue Gedanken und Verhaltensweisen zu trainieren, bis Sie diese beherrschen. Das ist nicht leicht, aber so ist es mit allem, was neu und ungewohnt ist. Geben Sie sich selbst die Chance, sich besser zu fühlen!

## Was tun, wenn Sie ein geringes Selbstwertgefühl haben?

Ein geringes Selbstwertgefühl entsteht dadurch, dass Sie sich selbst nicht akzeptieren können:

- Sie vergleichen sich ständig mit anderen, die besser sind (oder, wenn Sie Glück haben, schlechter, aber das ist eine kurzfristige Freude).
- Sie kritisieren und verurteilen sich selbst.
- Sie machen Pläne, was Sie tun müssen, um gut auszusehen oder in den Augen anderer wertvoll zu sein.

All diese Strategien sind das Werk Ihres inneren Kritikers. Arbeiten Sie daran, diese Art von Gedanken zu ignorieren, oder lernen Sie, sich dagegen zu verteidigen. Wie würden Sie widersprechen, wenn jemand anders Sie kritisieren oder ständig auf diese Weise verbessern wollen würde?

1. Ein geringes Selbstwertgefühl geht in der Regel damit einher, dass Sie sehr auf Ihr Äußeres bedacht sind, darauf, nicht unpassend auszusehen oder etwas falsch zu machen. Selbstverständlich kommen Sie mit dieser Denkweise nicht zur Ruhe und dazu, sich selbst zu akzeptieren. Sie müssen trainieren, nach außen zu zeigen, wie Sie hinter Ihrer Fassade fühlen, darauf vertrauen, dass andere Ihre nicht so glamourösen Seiten

akzeptieren. Denken Sie daran, dass Sie das Recht haben, ein normaler Mensch zu sein.

2. Viele haben eine Tendenz, Dinge zu kompensieren, indem sie perfekt sein wollen. Das Perfekte aber ist eine Illusion. Leiden Sie unter dieser Tendenz, müssen Sie trainieren, Dinge weniger perfekt zu machen, dazu zu stehen und zu lernen, damit zu leben.
3. Ausweichen ist eine typische Strategie, wenn Sie ein geringes Selbstwertgefühl haben. Vielleicht unterlassen Sie es, Kontakt aufzunehmen, Ihre Meinung zu sagen, Grenzen zu setzen oder zu sagen, was Sie wollen. Das führt dazu, dass Sie keine Übung darin haben, sich auszudrücken, und dass Sie unsensibel Ihren eigenen Bedürfnissen gegenüber werden. Das ist, als würden Sie sich ständig bestätigen, dass Sie und Ihre Wünsche keine Bedeutung haben. Das Ausweichen ist mit anderen Worten eine Bestätigung, dass Sie es nicht wert sind, dass man auf Sie Rücksicht nimmt. Das müssen Sie verändern! Beginnen Sie damit, nachzuspüren, wozu Sie Lust haben und was sich für Sie nicht richtig anfühlt. Trainieren Sie, Ihre Meinung zu sagen. Wenn Sie es nicht schaffen, in dem Moment selbst klar genug zu sein, denken Sie daran, dass Sie kein Verfallsdatum haben. Gehen Sie zurück, sagen Sie, dass Sie Ihre Meinung geändert haben.
4. Üben Sie, Raum einzunehmen. Wenn Sie nicht teilnehmen, werden Sie das alte Gefühl, wertlos und hoffnungslos zu sein, nur verstärken.

**Trainingshandbuch**

Um das geringe Selbstwertgefühl loszuwerden, machen Sie zunächst die im Kapitel „Auswege aus festgefahrenen Verhaltensweisen“ beschriebenen Übungen.

### Übung

**Schritt 1:** Beschreiben Sie den Zustand, den Sie als geringes Selbstwertgefühl wahrnehmen, so genau wie möglich: Versager, traurig und niedergeschlagen, hilflos.

**Schritt 2:** Welche Aussagen oder Personen lösen diese schlechten Gefühle aus? In welchen Situationen fühlen Sie sich minderwertig? Jedes Mal, wenn ich mit anderen zusammen bin, von denen ich denke, dass sie besser sind als ich. Jedes Mal, wenn jemand Erfolg hat.

**Schritt 3:** Was für negative Gedanken haben Sie in dieser kritischen Situation? Ich glaube, ich bin dumm. Die anderen sind besser als ich. Ich werde neidisch und denke kritisch über den anderen. Ich bekomme nie etwas hin. Ich bin wertlos, hässlich, dick.

**Schritt 4:** Welches Verhalten ist typisch für Sie? Ich komme in einen apathischen Zustand, ziehe mich zurück. Ich isoliere mich und nehme keinen Kontakt mehr auf. Ich grüble darüber nach, wie dumm ich bin. Ich sage nicht meine Meinung.

Beim Durcharbeiten dieser Punkte werden Sie Klarheit darüber erlangen, wann Sie sich minderwertig fühlen, was Sie denken und wie Sie sich verhalten. Ist es jedes Mal gleich? Versuchen Sie, dieser kritischen Situation zu entkommen, indem Sie alternative Strategien entwickeln: eine andere Art aufzutreten, andere Gedanken, andere Erklärungen. Was können Sie anders machen?

### Übung

**Schritt 1:** Lassen Sie sich nicht auf diese Situation ein. Konzentrieren Sie sich auf das, was um Sie herum passiert. Holen Sie sich in das Hier und Jetzt zurück, denken Sie daran, dass Sie wertvoll sind.

**Schritt 2:** Versuchen Sie zu erkennen, wann die Situation entsteht. Das kenne ich schon, das passiert jedes Mal. Es sind die gleichen Personen, die mich dazu bringen, so zu sein.

**Schritt 3:** Durchschauen Sie Ihren inneren Kritiker. Schauen Sie sich die Gedanken an, die Sie aufgeschrieben haben. Denken Sie an andere und positivere Gedanken. Nehmen Sie Ihren persönlichen Merkzettel zu Hilfe. Von dem, was dort steht, wissen Sie, dass es richtig und wahr ist. Haben Sie das vergessen? Wie könnte eine andere rationale Denkweise aussehen? Ich bin genauso gut wie die anderen. Ich bin wertvoll. Löschen Sie die alten negativen Gedanken, und grübeln Sie nicht weiter nach.

**Schritt 4:** Wählen Sie alternative Verhaltensweisen. Ich werde sagen, wer ich bin und was ich wert bin. Ich werde konzentriert und im Kontakt mit anderen sein und nicht wieder in diesen Grübelzustand verfallen. Ich werde lernen, über mich zu sprechen und mich als wertvolle Person in den Fokus zu bringen.

Denken Sie daran, dass es darum geht, wieder und wieder neue Gedanken und Verhaltensweisen zu trainieren, bis Sie diese beherrschen. Das ist nicht leicht, aber so ist es mit allem, was neu und ungewohnt ist. Geben Sie sich selbst die Chance, sich besser zu fühlen!

### Was tun, wenn Sie keine Kritik vertragen?

Hier gibt es natürlich eine starke Parallele zu dem, was wir im Abschnitt über geringes Selbstwertgefühl besprochen haben. Allgemein ist es wichtig zu verstehen, dass Kritik auf einer rationalen und einer irrationalen Ebene behandelt werden kann. Wir sprechen oft von konstruktiver Kritik, was so viel bedeutet wie, dass der Absender eine konstruktive Intention mit seiner Kritik hat. Darin liegt der Wunsch, etwas beizutragen, Fehler zu korrigieren, zu helfen oder Ihnen etwas beizubringen.
Harsche oder vernichtende Kritik hat einen anderen Charakter. Der Absender hat die Absicht, Sie zu entlarven, Sie dazu zu bringen, sich zu schämen, Sie zu manipulieren, Macht über Sie zu erhalten oder Ihnen zu schaden. In diesem Fall ist Kritik eine aggressive Handlung. Viele haben Schwierigkeiten, diese beiden Arten der Kritik voneinander zu unterscheiden, und sind nicht in der Lage, die Intention zu deuten. Der Grund hierfür ist Ihr innerer Kritiker, der die Oberhand gewinnt und Sie dazu bringt, sich klein, verletzbar, hilflos und zurückgewiesen zu fühlen. Aber vergessen Sie nicht: Das ist Ihre eigene Verantwortung. Hätte Ihr eigener Kritiker nicht die Funktion eines Saboteurs übernommen, wären Sie in der Lage gewesen zu denken: „Was ist los mit ihm, er ist ja unglaublich aggressiv und hasserfüllt. Ich frage mich, was für ein Problem er hat.“

1. Welche Absicht verfolgt der Absender? Kann die Botschaft als Fürsorge interpretiert werden? Hat der Absender Angst vor etwas? Ist es eine rationale Botschaft? Ist es etwas, was verbessert werden muss? Haben Sie Probleme damit, die Botschaft zu deuten, können Sie sagen: „Ich bin ein bisschen unsicher, worauf du hinauswillst. Kannst du mir das vielleicht etwas genauer erklären?"
2. Hat die Botschaft bei Ihnen einen wunden Punkt getroffen und Ihren inneren Kritiker aktiviert? Sind Sie aufgewühlt, fühlen Sie sich klein? Dann ist es sicherlich an der Zeit, sich die gleiche Frage wie unter Punkt 1 zu stellen: „Ich bin ein bisschen unsicher, was du mir sagen willst. Kannst du etwas genauer werden?"
3. Es ist wichtig für Sie, Ihren inneren Kritiker, seinen Tonfall und seine Themen zu visualisieren. Sprechen Sie mit jemandem darüber, dem Sie vertrauen. Manchmal kann es sinnvoll sein, solche Themen mit einem Therapeuten zu diskutieren. Je besser Sie Ihre Muster kennenlernen, desto leichter erkennen Sie den Tonfall und den Inhalt Ihres Kritikers wieder, und desto leichter wird es Ihnen auch fallen, dies zu durchschauen und den Kritiker zu ignorieren.
4. Wir benutzen gern ein Kritikertagebuch, um eine bessere Übersicht zu erhalten über den Inhalt dessen, was der Kritiker sagt und in welchen Situationen er sich zu Wort meldet. Auch kann es wichtig sein, den Tonfall wahrzunehmen, der oft der gleiche ist.

**Trainingshandbuch**

Um kritikfähiger zu werden, machen Sie zunächst die im Kapitel „Auswege aus festgefahrenen Verhaltensweisen" beschriebenen Übungen.

### Übung

**Schritt 1:** Beschreiben Sie die kritische Situation, in die Sie kommen, wenn Sie sich kritisiert fühlen, so genau wie möglich. Ich bekomme Angst, bin rastlos, zittrig. Ich fühle mich durch und durch schuldig. Spüren Sie nach, wo im Körper dieses Gefühl zu finden ist.

**Schritt 2:** Wer löst dieses Gefühl aus? In welchen Situationen passiert das so? Ich ertrage es nicht, von jemandem kritisiert zu werden. Menschen, die belehrend, autoritär, fordernd sind und zu viel erwarten, ertrage ich nicht.

**Schritt 3:** Was für negative Gedanken haben Sie über die anderen und über sich selbst? Keiner mag mich, ständig kritisieren sie mich, ich bin nicht tüchtig genug, ich tue nicht genug. Immer ist es meine Schuld.

**Schritt 4:** Welches Verhalten ist typisch für Sie? Ich werde unglaublich wütend, gehe zum Gegenangriff über. Ich kritisiere die anderen, bevor sie mich kritisieren können. Ich werde passiv, unterwürfig und schweigsam oder bereite mich auf den Gegenangriff vor, indem ich schweigend alle Fehler des anderen registriere.

Beim Durcharbeiten dieser Punkte werden Sie Klarheit darüber erlangen, wann Sie keine Kritik vertragen können, was Sie denken und wie Sie sich verhalten. Ist es jedes Mal gleich? Versuchen Sie, dieser kritischen Situation zu entkommen, indem Sie alternative Strategien entwickeln: eine andere Art aufzutreten, andere Gedanken, andere Erklärungen. Was können Sie anders machen?

### Übung

**Schritt 1:** Seien Sie im Hier und Jetzt anwesend. Finden Sie andere Interpretationen für den Zustand. Denken Sie an Fürsorge statt an Kritik!

**Schritt 2:** Durchschauen Sie die Situation. Das kenne ich schon, das passiert jedes Mal. Es sind die gleichen autoritären, belehrenden Personen, die mich dazu bringen, so zu sein.

**Schritt 3:** Schauen Sie sich die Gedanken an, die Sie aufgeschrieben haben. Warum kritisieren Sie sich selbst? Ich bin unschuldig. Das ist keine Kritik, die wollen mir nur helfen, die machen sich nur Gedanken und wollen sich um mich kümmern. Nehmen Sie Ihren persönlichen Merkzettel zu Hilfe. Dort steht, was Sie können und was Sie zu einem wertvollen Menschen macht. Haben Sie das vergessen? Versuchen Sie, die alten negativen Gedanken zu löschen und nicht weiter über das Problem nachzugrübeln. Ist der andere aggressiv und wenig konstruktiv, ist er es vielleicht, der nur sein eigenes unbehagliches Gefühl auf Sie übertragen will. Fallen Sie nicht darauf rein, gehen Sie ihm nicht ins Netz. Machen Sie es nicht zu Ihrem Problem.

**Schritt 4:** Ich werde üben: Erzähle mir mehr davon. Ich werde zuhören und schauen, ob ich der Kritik zustimmen kann. Wenn wir einer Meinung sind, werde ich die Verantwortung für das übernehmen, was ich falsch gemacht habe. Wenn nicht, werde ich sagen, dass ich anderer Meinung bin.

Denken Sie daran, dass es darum geht, wieder und wieder neue Gedanken und Verhaltensweisen zu trainieren, bis Sie diese beherrschen. Das ist nicht leicht, aber so ist es mit allem, was neu und ungewohnt ist. Geben Sie sich selbst die Chance, sich besser zu fühlen!

## Was tun, wenn Sie unter sozialer Angst leiden?

Bei der sozialen Angst gibt es viele Parallelen zu geringem Selbstwertgefühl. Sie nehmen Ihre eigenen negativen Gedanken über sich selbst und übertragen diese auf andere. Das führt dazu, dass Sie sich äußerst hilflos fühlen: „Nicht ich habe diese Absichten, deshalb kann ich auch nichts gegen sie tun."

1. Vielleicht tragen Sie eine alte Unsicherheit als Lebensmotto mit sich herum. Wenn Sie einen Raum mit anderen Menschen betreten, haben Sie vielleicht vergessen, dass Sie diese Unruhe schon hatten, bevor Sie eingetreten sind. So finden Sie einen passenden Aufhänger, um Ihre Unruhe daran festzumachen: Er sieht überlegen aus; sie sieht sauer aus; er denkt, er sei besser als ich; sie denkt, ich sei zu dick. Vergessen Sie nicht: All die Ansichten, die Sie anderen zuschreiben, sind Ihre eigenen Gedanken. Konzentrieren Sie sich darauf, sich gegen diese Gedanken zu wehren, lassen Sie die anderen normale Menschen sein. Sie haben bestimmt nicht das Bedürfnis, den Job des über Sie Richtenden zu übernehmen.

2. Wenn Sie trotzdem weiterhin annehmen, dass andere negative Ansichten über Sie haben, versuchen Sie herauszufinden, was davon stimmt, indem Sie fragen: „Ich habe den Eindruck, dass Sie das, was ich gesagt habe, was ich gemacht habe, nicht mochten, dass Sie sich in meiner Gesellschaft nicht wohlfühlen", und beenden Sie Ihre Aussage mit: „Ist das richtig?"
3. Haben Sie die Tendenz, sich in die Rolle desjenigen zu begeben, der beurteilt wird? Versuchen Sie, das zu verändern und daran zu arbeiten, auch in die Rolle des Betrachtenden zu schlüpfen. Was mögen Sie selbst? Mit wem sprechen Sie selbst gern? Was sehen Sie, wenn Sie selbst versuchen, der Beobachter zu sein?
4. Trainieren Sie, Raum einzunehmen und persönlich zu sein. Beginnen Sie im Kleinen, indem Sie Kontakt zu jemandem aufnehmen, bei dem Sie sich sicher fühlen (bei dem Sie die wenigsten negativen Fantasien haben), und beginnen Sie zu sprechen. Enden Sie in einer Situation, die Sie als festgefahren und aussichtslos empfinden, gehen Sie aus der Situation! Holen Sie sich ein Glas Wasser oder kaufen Sie ein Würstchen. Danach kehren Sie zurück und trainieren weiter!

**Trainingshandbuch**

Um aus dem Zustand der sozialen Angst herauszukommen, machen Sie zunächst die im Kapitel „Auswege aus festgefahrenen Verhaltensweisen" beschriebenen Übungen.

### Übung

**Schritt 1:** Beschreiben Sie den Zustand, den Sie als soziale Angst bezeichnen, so genau wie möglich. Ich habe Angst, bin rastlos, bekomme Panik, ich bin gestresst. Spüren Sie nach, wo im Körper dieses Gefühl sitzt: im Magen, in der Brust?

**Schritt 2:** Entsteht dieser Zustand in speziellen Beziehungen oder Situationen? Jedes Mal, wenn wir abends weggehen, wenn mehrere Menschen anwesend sind. Wenn sie mich angucken, prüfen oder mich in den Mittelpunkt stellen.

**Schritt 3:** Was für negative Gedanken über sich selbst oder die anderen haben Sie in diesem Zustand? Die mögen mich nicht, kritisieren mich ständig, finden mich dumm. Ich bin nie gut genug. Egal was ich sage, es ist dumm. Die anderen sind überlegen, glauben, dass Sie besser sind als ich.

**Schritt 4:** Welches Verhalten ist typisch für Sie? Ich werde still, bleibe zu Hause, schweige, ziehe mich zurück, gehe nach Hause. Ich spiele eine Rolle, halte die Fassade aufrecht, lächle viel, bin überenthusiastisch. Ich isoliere mich und nehme keinen Kontakt mehr auf.

Beim Durcharbeiten dieser Punkte werden Sie Klarheit darüber erlangen, wann Sie die soziale Angst bekommen, was Sie denken und wie Sie sich verhalten. Ist es jedes Mal gleich? Versuchen Sie, dieser kritischen Situation zu entkommen, indem Sie alternative Strategien entwickeln: eine andere Art aufzutreten, andere Gedanken, andere Erklärungen. Was können Sie anders machen?

### Übung

**Schritt 1:** Ertragen Sie es, in der Situation zu sein, ohne wegzulaufen. Distanzieren Sie sich so gut Sie können von der Situation. Konzentrieren Sie sich auf die anderen statt auf Ihre eigenen Gedanken. Seien Sie im Hier und Jetzt anwesend. Wechseln Sie die Rolle und werden Sie derjenige, der betrachtet und neugierig auf die anderen ist.

**Schritt 2:** Versuchen Sie die kritische Situation wiederzuerkennen. Das passiert jedes Mal, wenn ich mit anderen zusammen bin. Niemand hat gesagt, dass etwas mit mir nicht in Ordnung ist, warum sollten sie das jetzt denken?

**Schritt 3:** Schauen Sie sich die Gedanken an, die Sie aufgeschrieben haben. Sind das die einzigen Gedanken, die wahr sind? Nehmen Sie Ihren persönlichen Merkzettel zu Hilfe. Dort steht, was Sie können und warum andere Sie gern haben. Haben Sie das vergessen? Wie könnte eine andere rationale Denkweise aussehen? Was würden Sie über andere Menschen in der gleichen Situation denken? Wären Sie mit ihnen so kritisch? Löschen Sie die alten negativen Gedanken und grübeln nicht weiter über das Problem nach. Denken Sie daran, dass Sie den anderen die Rolle des Richters zuschreiben. Glauben Sie, dass diese Lust dazu haben, oder haben die vielleicht angenehmere Dinge, mit denen sie sich beschäftigen können?

**Schritt 4:** Wählen Sie alternative Verhaltensweisen. Beim nächsten Mal bleibe ich in der Situation und gehe nicht nach Hause. Ich werde mit jemandem sprechen und nicht stumm dasitzen. Ich werde mich konzentrieren und mit anderen in Kontakt treten. Ich werde Verabredungen eingehen und regelmäßig Kontakt aufnehmen. Ich werde sagen, wer ich bin und was ich wert bin. Ich werde konzentriert und im Kontakt mit den anderen sein und nicht wieder in diesen Grübelzustand verfallen. Ich werde lernen, über mich zu sprechen und mich als wertvolle Person in den Fokus zu bringen.

Denken Sie daran, dass es darum geht, wieder und wieder neue Gedanken und Verhaltensweisen zu trainieren, bis Sie diese beherrschen. Das ist nicht leitcht, aber so ist es mit allem, was neu und ungewohnt ist. Geben Sie sich selbst die Chance, sich besser zu fühlen!

## Was tun, wenn Einsamkeit Sie quält?

Eine Hauptursache für das Erleben von Einsamkeit ist die fehlende Kommunikation mit anderen. Das gibt uns das Gefühl, nicht gesehen, gehört oder verstanden zu werden. Oft ist dieses Gefühl kombiniert mit alten Rückzugsstrategien und Passivität. Sie müssen die Initiative zurückgewinnen, aber noch wichtiger ist es, darauf zu achten, wie sichtbar oder persönlich Sie im Kontakt mit anderen Menschen sein können.

1. Um gesehen zu werden, müssen Sie trainieren, sich sichtbar zu machen. Sie müssen üben, persönlich, in der Ichform, zu sprechen. Sie müssen trainieren, deutlich zu machen, was Sie denken, was Sie wünschen und was Sie fühlen. Sie müssen das Risiko eingehen, verletzbarer zu sein, auch wenn sich das für Sie ungewohnt anfühlt.

2. Sichtbar zu sein, hängt auch damit zusammen, wie Sie sich kleiden, welche Farben Sie benutzen, ob Sie sich schminken, ob Sie Ihre Männlichkeit oder Weiblichkeit unter Ihrer Kleidung verstecken. Vielleicht könnten Sie mit einigen sprechen, die in diesem Bereich bessere Fähigkeiten haben.
3. Es ist wichtig für Sie zu trainieren, an sozialen Ereignissen aktiv teilzunehmen. Wenn Sie nur dasitzen und zuhören, ohne selbst teilzunehmen, wird das Ihr Gefühl, unsichtbar zu sein, nur verstärken. Sie könnten sich überlegen, wie Sie mit Geschichten oder Themen zu Wort kommen, bis es sich natürlicher anfühlt.
4. Die passive Isolation ist Ihr stärkster Feind. Trainieren Sie, die Initiative zu ergreifen. Nehmen Sie das Telefon zur Hand, verwenden Sie Brief oder E-Mail, um einen neuen Prozess zu mehr Kontakt in Gang zu setzen, statt in alten Mustern zu verweilen. Überlegen Sie sich, ob Sie mit einigen Menschen, die Sie von früher kennen, den Kontakt wiederaufnehmen können.
5. Achten Sie besonders aufmerksam auf Ihren inneren Kritiker. Er wird Sie stark fordern, falls Sie keinen Kontakt suchen, und Ihnen erzählen, dass Sie nicht trainieren. Aber der gleiche Kritiker wird Ihnen erzählen, dass Sie es eigentlich lieber gar nicht versuchen müssen, denn Sie werden sich blamieren und erfolglos sein, und das ist noch schlimmer, als es nicht zu versuchen. Benutzen Sie die große Gedankenschere und schneiden den Kritiker weg. Oder finden Sie, dass er sich genial anhört?

**Trainingshandbuch**

Um aus der Einsamkeit herauszukommen, machen Sie zunächst die im Kapitel „Auswege aus festgefahrenen Verhaltensweisen“ beschriebenen Übungen.

### Übung

**Schritt 1:** Beschreiben Sie den Zustand, den Sie als Einsamkeit bezeichnen, so genau wie möglich. Ich bin traurig, unglücklich, fühle mich hoffnungslos und deprimiert. Sitzt das Gefühl im ganzen Körper oder nur in Magen oder Brust?

**Schritt 2:** In welchen Situationen fühlen Sie sich einsam? Jedes Mal, wenn Ferien sind. Jedes Mal, wenn ich zu Hause sitzen bleibe. Wenn wir abends weggehen und ich kein Wort sage. Wenn jemand mich verlässt.

**Schritt 3:** Haben Sie in dieser Situation negative Gedanken? Keiner mag mich, ich bin wertlos. Keiner will etwas mit mir zu tun haben. Ich bin nicht gut genug. Ich bin anders, ich brauche die anderen nicht, die sind nicht richtig für mich, die sind zu versnobt, intellektuell, dumm.

**Schritt 4:** Welches Verhalten ist typisch für Sie? Ich ziehe mich zurück, bin als Erster zurückweisend, gehe nach Hause. Ich werde entrüstet oder jammere. Ich isoliere mich und nehme keinen Kontakt mehr auf. Ich sitze allein zu Hause und es geht mir schlecht.

Beim Durcharbeiten dieser Punkte werden Sie Klarheit darüber erlangen, wann Sie sich einsam fühlen, was Sie denken und wie Sie sich verhalten. Ist es jedes Mal gleich? Versuchen Sie, dieser kritischen Situation zu entkommen, indem Sie alternative Strategien entwickeln: eine andere Art aufzutreten, andere Gedanken, andere Erklärungen. Was können Sie anders machen?

### Übung

**Schritt 1:** Geben Sie dem Zustand nicht nach. Sie sind nicht immer einsam oder traurig gewesen.

**Schritt 2:** Versuchen Sie, die Situation wiederzuerkennen. Das kenne ich schon, es passiert jedes Mal, wenn ich zu Hause sitze, immer, wenn Ferien sind.

**Schritt 3:** Durchschauen Sie Ihren inneren Kritiker. Schauen Sie sich die negativen Gedanken an, die Sie über sich selbst und andere haben. Sind sie überhaupt wahr? Nehmen Sie Ihren persönlichen Merkzettel zu Hilfe. Dort stehen all Ihre guten Eigenschaften, derentwegen andere Sie gern haben. Haben Sie das vergessen? Wie könnte eine andere rationale Denkweise aussehen? Was würden Sie über andere Menschen in der gleichen Situation denken? Würden Sie ohne Weiteres den Kontakt zurückweisen? Löschen Sie die alten negativen Gedanken und grübeln Sie nicht weiter über das Problem nach.

**Schritt 4:** Wählen Sie alternative Verhaltensweisen. Nächstes Mal, wenn ich mich einsam fühle, gehe ich nicht nach Hause. Ich werde mit jemandem sprechen und nicht stumm dasitzen. Ich werde nicht versuchen, gleich beim ersten Gespräch einen Partner zu finden, ich werde nur den Kontakt trainieren. Ich werde dafür kämpfen, Kontakt mit anderen zu halten. Ich werde aufhören, andere vorab zu verurteilen. Ich werde jemanden zweimal wöchentlich anrufen und Verabredungen treffen. Ich werde mit jemandem ins Kino gehen.

Denken Sie daran, dass es darum geht, wieder und wieder neue Gedanken und Verhaltensweisen zu trainieren, bis Sie diese beherrschen. Das ist nicht leicht, aber so ist es mit allem, was neu und ungewohnt ist. Geben Sie sich selbst die Chance, sich besser zu fühlen!

## Was tun, wenn Sie unter Schuldgefühlen leiden?

Es kann schwierig sein, zwischen Reue und Schuldgefühl zu unterscheiden. Reue bedeutet, eine konkrete Handlung oder eine Haltung zu bedauern, aus der sich ungünstige Konsequenzen für Sie persönlich und andere ergeben haben. Sie gründet sich auf eine rationale Bewertung realer Ereignisse und bietet die Gelegenheit für eine Entschuldigung oder den Ausdruck von Bedauern, falls es für Sie selbst oder andere Leid mit sich gebracht hat. Schuld ist grundsätzlich gesehen eine Emotion, die auf der ursprünglichen Angst basiert, abgewiesen, bestraft oder von anderen nicht gutgeheißen zu werden. Das ist eine Emotion, die von Ihren eigenen Gedanken, Ihrem inneren Kritiker ausgelöst wird, der versucht, Sie in Ihr altes Verhaltensmuster, in Ihre alte Fantasie über die Einstellungen anderer und Ihre eigene Selbstverurteilung zurückzudrängen. Diese gründet sich nicht auf eine rationale Beurteilung einer Situation.

1. Es ist wichtig, die Geschichte Ihrer Kindheit anzuschauen und sich die Frage zu stellen, ob es jemanden in Ihrer Kindheit gegeben hat, der oft traurig war, mit dem Sie Mitleid hatten und der Ihnen das Gefühl gab, verantwortlich dafür zu sein. Gab es jemanden, der die Angewohn-

heit hatte, Ihnen oder anderen sein Unglück vorzuwerfen, sodass Sie einen Auslöser entwickelt haben, Schuld auf sich zu nehmen? Üben Sie, Themen und Situationen zu identifizieren, die in Ihnen Schuldgefühle auslösen.

2. Wenn Sie Angst haben zu verletzen, nicht genug zu tun, zu enttäuschen oder nicht verständnisvoll genug zu sein, haben Sie vermutlich eine Lebensstrategie entwickelt, die wir „den Liebenswerten" nennen. Die eigentlich treibende Kraft hinter einem übertrieben fürsorglichen und verständnisvollen Verhalten anderen gegenüber ist im Kern die Befürchtung, selbst zurückgewiesen zu werden, und davor, das eigene herzensgute Selbstbildnis könnte Risse bekommen. Sprechen Sie mit Ihren Freunden! Vielleicht haben Sie mehr Spielraum, als Sie denken. Vielleicht ist es sogar eine Erleichterung für diejenigen, die Ihnen am nächsten sind, dass Sie nicht ständig fantastisch sein müssen, um Schuldgefühle zu vermeiden.
3. Der Liebenswerte ist auch eine Person, die Wut oder Genervtheit nicht mitteilt und andere oft auch nicht mit Traurigkeit oder Kummer belastet. Forderungen zu stellen oder deutlich die eigenen Wünsche auszudrücken, fällt ebenfalls schwer. Trainieren Sie, Ihre Meinung zu äußern, Forderungen zu stellen und zu sagen, was Sie möchten. Üben Sie, das Unbehagen zu ertragen, das Ihnen Ihre Gedanken im Anschluss geben. Trainieren Sie auch, Wut und Genervtheit auszudrücken! Das ist ein wichtiger blinder Fleck für die meisten, die unter Schuldgefühlen leiden.

4. Ihre Überempfindlichkeit für Schuld kann auch dazu führen, dass Sie irrational anderen gegenüber reagieren. Statt den Ihnen präsentierten Köder „Das ist ja wohl deine Schuld“ zu ignorieren, fressen Sie alles in sich hinein. Danach werden Sie vielleicht wütend bei dem Versuch, sich von der Schuld wieder zu befreien. Sie ertragen nicht noch mehr Unbehagen, Sie sind beinahe allergisch. Diese Wut kann Ihnen wirklich Ärger machen, und Sie sind auf dem Weg, ein Schuft zu werden oder sich unangemessen zu verhalten. Wieder schuldig! Kommt Ihnen das bekannt vor, müssen Sie trainieren, höflich abweisend und desinteressiert gegenüber allen Versuchen aufzutreten, Sie in ein Schulddrama zu verwickeln.
5. Es ist leider nicht so, als kämen alle irrationalen Vorwürfe von Ihnen. Wenn Sie eine Mutter oder einen Vater mit diesem Verhaltensmuster haben, werden Sie dies oft fortführen. Wenn zusätzlich auch noch Ihr Partner oder Ihre Freunde ähnlich sind, wird es Ihnen schwerer fallen zu trainieren. Aber denken Sie daran, dass die Vorwürfe von anderen Leuten nur auf Sie wirken, wenn ein Teil in Ihnen der gleichen Meinung ist! Diesen Kritikeranteil müssen Sie stets neugierig beobachten.
6. Wenn Sie der Meinung sind, einige Ihrer Beziehungen basierten per Definition darauf, dass der eine Mitleid mit dem anderen hat, und dass es deshalb Ihre Pflicht ist, sich einzusetzen, ist es an der Zeit, Alarm zu schlagen. Gute wechselseitige Beziehungen beruhen auf Geben und Nehmen und sind keine Einbahnstraßen.

7. Versuchen Sie zu beobachten, was passiert. Menschen, die es gewohnt sind, Schuld auf andere abzuwälzen, tun das ebenso automatisch, wie Sie es bei sich selbst tun. Sie sind deshalb weder schlechter noch besser. Sie haben in der Regel eine niedrige Toleranz gegenüber dem eigenen Gefühl von Unbehagen und Frustration und versuchen es loszuwerden, indem sie es auf andere übertragen. Sie brauchen nicht deren Mülleimer zu sein, wenn Sie es nicht wollen!
8. Üben Sie, den Versuch, Ihnen die Schuld zu geben, abzuweisen: „Es wirkt, als wärst du der Meinung, ich müsste Schuldgefühle haben. Den Schwarzen Peter kannst du gern einem anderen zuschieben. Ich möchte ihn nicht haben!" „Deine Vorwürfe machen mich traurig und hinterlassen ein schlechtes Gefühl! Wir sollten das Gespräch lieber ein anderes Mal fortsetzen." „Dass es dir nicht gut geht, bedeutet nicht automatisch, dass ich die Schuld dafür auf mich nehmen muss!" Schreiben Sie einige Sätze auf, die Sie gut finden, und üben Sie diese vor dem Spiegel.
9. Erinnern Sie sich: Wenn Sie leicht die Schuld auf sich nehmen, fällt es Ihnen auch leicht, anderen Schuld zuzuschieben. In Familien, in denen die Verteilung von Schuld ein Thema ist, kann man das deutlich sehen. Oft kann es schwer sein, sich dessen bewusst zu werden. Sprechen Sie mit denen, die Ihnen am nächsten sind, und seien Sie auf der Hut: Wir alle betreiben diesen „Sport".

**Trainingshandbuch**

Um Schuldgefühle zu vermeiden, machen Sie zunächst die im Kapitel „Auswege aus festgefahrenen Verhaltensweisen“ beschriebenen Übungen.

### Übung

**Schritt 1:** Beschreiben Sie den Zustand, den Sie Schuldgefühl nennen, so genau wie möglich: Nehmen Sie wahr, wo im Körper er sitzt. Ich habe Stiche in der Brust. Ich bin ängstlich und traurig.

**Schritt 2:** Gibt es spezielle Beziehungen oder Situationen, in denen dieser Zustand auftritt? Jedes Mal, wenn ich Raum einnehme, jedes Mal, wenn ich zu laut rede, jedes Mal, wenn ich eine Meinung vertrete. Wenn jemand wütend ist, wenn jemand mich verlässt oder wenn ich sauer bin, aber mich nicht traue, es zu sagen. Wenn ich etwas Dummes gesagt habe, wenn jemand enttäuscht, verletzt ist.

**Schritt 3:** Was für negative Gedanken haben Sie über andere? Über sich selbst? Keiner mag mich. Es ist immer meine Schuld. Ich hätte das nicht sagen sollen; ich hätte den Mund halten sollen; ich hätte netter sein sollen.

**Schritt 4:** Welches Verhalten ist typisch für Sie? Immer da sein, immer helfen, alle trösten, immer zuhören. Ich bin den Tränen nahe, ich ziehe mich zurück, ich fahre nach Hause. Ich werde wütend über mich selbst. Was für ein Idiot ich bin.

Beim Durcharbeiten dieser Punkte werden Sie Klarheit darüber erlangen, wann Sie Schuldgefühle entwickeln, was Sie denken und wie Sie sich verhalten. Ist es jedes Mal gleich?

Versuchen Sie, dieser kritischen Situation zu entkommen, indem Sie alternative Strategien entwickeln: eine andere Art aufzutreten, andere Gedanken, andere Erklärungen. Was können Sie anders machen?

### Übung

**Schritt 1:** Müssen Sie dieses Gefühl ständig nähren? Versuchen Sie, sich aus diesem Zustand zu befreien. Sie sind es wirklich leid, ständig der Sündenbock zu sein. Seien Sie im Hier und Jetzt anwesend.

**Schritt 2:** Durchschauen Sie die Situation. Das kenne ich schon, das passiert jedes Mal. Es sind die gleichen Personen und die gleichen Aussagen, die mich dazu bringen, so zu sein.

**Schritt 3:** Durchschauen Sie die Selbstkritik. Haben Sie noch etwas anderes über sich zu sagen, als dass Sie schuldig sind? Ja, ich bin wütend auf mich, weil ich jedes Mal wie ein Idiot zur Stelle bin. Ich traue mich nicht, meine Meinung zu sagen, ich nehme zu leicht die Schuld auf mich, aber das liegt ebenso in der Verantwortung der anderen. Sie erwarten Dinge, als seien diese eine Selbstverständlichkeit. Sie versuchen, ihr eigenes Unbehagen loszuwerden. Nehmen Sie Ihren persönlichen Merkzettel zu Hilfe. Dort steht, was Sie können. Haben Sie das vergessen? Löschen Sie die alten negativen Gedanken und grübeln nicht weiter nach.

**Schritt 4:** Wählen Sie alternative Verhaltensweisen. Beim nächsten Mal bleibe ich in der Situation und werde sagen, was ich denke, statt die Schuld auf mich zu nehmen. Ich bin erwachsen, sollten sie mich verlassen, ist es nicht so schlimm. Wenn ich wütend werde, werde ich es sagen.

Denken Sie daran, dass es darum geht, wieder und wieder neue Gedanken und Verhaltensweisen zu trainieren, bis Sie diese beherrschen. Das ist nicht leicht, aber so ist es mit allem, was neu und ungewohnt ist. Geben Sie sich selbst die Chance, sich besser zu fühlen!

## Was tun, wenn Sie ständig die Opferrolle bekommen?

Das ist in vielerlei Hinsicht die Gegenposition zu dem Schuldigen, den wir oben beschrieben haben. Als Unschuldiger oder Opfer tun Sie alles, um als unschuldig dazustehen. Sie lassen sich missbrauchen, terrorisieren, kontrollieren und erscheinen wie jemand ohne eigenen Willen und eigene Richtung. Ihr Selbstwertgefühl liegt am Boden, und Sie trauen sich nicht, Selbstbehauptung und Wut zu zeigen. Die anderen sind die Schlimmen, die schlechte Absichten haben und aggressiv sind. Dank ungünstiger Umstände haben Sie ständig psychopathische Menschen um sich. Sie sind nur ängstlich, geplagt und benachteiligt.

Überraschenderweise stellen wir fest, dass Menschen, die diese Rolle wählen, ebenfalls vollkommen rücksichtslos anderen gegenüber auftreten können. Sie denken vielleicht, sich zu behaupten oder zu verteidigen sei ein Menschenrecht. Sie meinen, das Recht zu haben, andere, die rücksichtslos und gemein sind, mindestens so infam und rücksichtslos zu bestrafen.

Sich aus der Opferrolle ohne Hilfe zu befreien, ist schwierig, deshalb können Ihnen die Übungen auch nur eine

Richtung aufzeigen. Aber wenn Sie es schaffen, sich von der Opferrolle zu lösen, werden Sie Ihre eigene Kraft und Selbstständigkeit wiedergewinnen!

1. Wenn Sie sich teilweise wiedererkennen, ist Ihre Wut vermutlich gut versteckt! Sie haben die Tendenz, Aggression als Unbehagen fehlzuinterpretieren, und suchen nach jenem außerhalb Ihrer eigenen Person, der das Unbehagen verursacht: „Nicht ich bin sauer, sondern du machst mir Angst" ist ein Klassiker für diese Position. Auf diese Weise verlieren Sie etwas von Ihrer eigenen Lebenskraft! Denken Sie daran, dass es bei Aggression um viel mehr als nur um Wut geht. Sie verweigern den Kontakt zur Energiequelle für Selbstbehauptung, Kreativität, Extravertiertheit, Sexualität, Eroberungs- und Forscherdrang. Nehmen Sie den Kontakt zu Ihrer Aggression wieder auf, versuchen Sie diese in all diesen Variationen wiederzuerkennen.
2. In dieser Position ist es schwierig, selbstbehauptend und selbstständig zu sein. Bringen eigenständige Entscheidungen unheimliche Assoziationen mit sich? Sie riskieren, schuldig zu sein, verantwortlich für Ihre Entscheidungen und Initiativen. Auch ist es schwierig, gleichzeitig Opfer zu sein und sich zu behaupten. Sie können nur Verhaltensweisen annehmen, die zu Ihrer Opferrolle passen, beispielsweise indem Sie klagen oder stärker leiden. Versuchen Sie, die Freiheit in sich selbst wiederzuerlangen, eigene Entscheidungen zu treffen. Arbeiten Sie auch daran, positiv und initiativ zu wirken.

Vermeiden Sie es, zu klagen, versuchen Sie zu handeln. Beginnen Sie in kleinen Schritten und trainieren Sie!

3. Es wird Ihnen schwerfallen, Grenzen zu setzen. Sie müssen üben, deutlich Nein zu dem zu sagen, was Sie nicht wollen. Die Fähigkeit des Neinsagens ist Voraussetzung, um ordentlich Ja zu etwas zu sagen. Die meisten werden mehr Klarheit von Ihrer Seite begrüßen. Nur jenen, die andere übertrieben kontrollieren wollen, wird es nicht gefallen. Üben Sie vor dem Spiegel. Überprüfen Sie Ihre Körperhaltung, Ihren Stimmgebrauch und Blickkontakt. Geben Sie sich selbst das Recht, Ihre Meinung zu ändern, das ist ein Menschenrecht. Geben Sie sich selbst Bedenkzeit: „Darüber muss ich ein bisschen nachdenken, bevor ich Ja oder Nein sagen kann."
4. Sie müssen es ertragen, an etwas schuld zu sein! Ihr unschuldiges reines Selbstbild ist nicht damit vereinbar, ein normaler Mensch zu sein. Eigentlich müssen Sie persönliche Verantwortung tragen, was etwas ganz anderes ist, als schuldig zu sein. Treffen Sie selbstständige Entscheidungen, die Auswirkungen auf andere haben, müssen Sie lernen, für diese einzustehen, ohne unsensibel oder ausweichend zu werden.
5. Wenn Sie sich in dieser Rolle wiedererkennen, werden Sie sicherlich auch einige andere getroffen haben, die sich von diesem Leid angezogen fühlen und gern wie weiße Ritter dastehen möchten. Das sind Menschen, die es nicht schaffen, ihre Aggression in eigenem Namen zu verwalten, sondern eine gute Sache oder ein gutes Opfer

als Anleitung dafür brauchen, sich von Wut zu befreien. Das empfinden sie als gerechtfertigten Zorn. Sie erreichen so, dass sie wütend sein und gleichzeitig ihr selbstgerechtes Selbstbild aufrechterhalten können. Diese Helfer müssen Sie loswerden, denn diese verstärken Ihr eigenes Elend. Sie müssen trainieren, wütend zu sein und sich im eigenen Namen zu präsentieren.

6. Sind Sie einer der Unglücklichen, die sich entschieden haben, mit jemandem zu leben, der Macht und Gewalt benutzt, um Sie zu kontrollieren? Suchen Sie Hilfe! Es ist sehr schwierig, ohne Hilfe aus diesem Muster auszubrechen, insbesondere wenn Ihr Selbstwertgefühl bereits darunter leidet.

## Trainingshandbuch

Um aus der Opferrolle herauszukommen, machen Sie zunächst die im Kapitel „Auswege aus festgefahrenen Verhaltensweisen“ beschriebenen Übungen.

### Übung

**Schritt 1:** Beschreiben Sie den Zustand, in den Sie kommen, wenn Sie sich wie ein Opfer fühlen. Ich bin traurig, resigniert, schwach und mitgenommen. Ich zittere vor Angst, habe Herzklopfen und empfinde starke Unruhe. Spüren Sie nach, wo im Körper dieses Gefühl zu finden ist: im Magen, in der Brust oder im ganzen Körper?

**Schritt 2:** Entsteht dieser Zustand in speziellen Beziehungen oder Situationen? Jedes Mal, wenn andere mir auf die Füße treten und mich benachteiligen? Wenn wir weggehen und das Geschimpfe wieder beginnt, wenn jemand mich verlässt. Besonders wenn sie mich beschimpfen, obwohl ich nichts falsch gemacht habe.

**Schritt 3:** Haben Sie in dieser kritischen Situation negative Gedanken? Ich lasse mich ständig überfahren und mir von anderen auf die Füße treten. Ich bin so dumm, dass ich es nicht schaffe, den Mund aufzumachen. Ich hasse es, dass sie mich ständig kritisieren. Ich verdiene nicht mehr, eigentlich bin ich völlig wertlos. Das war immer so, seit ich klein war, und so wird es immer bleiben.

**Schritt 4:** Welches Verhalten ist typisch für Sie? Ich werde schweigsam, ziehe mich zurück. Ich kann nicht mehr. Ich kapsle mich ab und nehme keinen Kontakt mehr auf. Ich laufe zu meinen Freunden und jammere, aber die kümmert das sowieso nicht, deshalb bringt das eigentlich nichts.

Beim Durcharbeiten dieser Punkte werden Sie Klarheit darüber erlangen, wann es passiert, was Sie denken und wie Sie sich verhalten. Ist es jedes Mal gleich? Versuchen Sie, dieser kritischen Situation zu entkommen, indem Sie alternative Strategien entwickeln: eine andtere Art aufzutreten, andere Gedanken, andere Erklärungen. Was können Sie anders machen?

## Übung

**Schritt 1:** Müssen Sie immer das Opfer sein? Versuchen Sie wenigstens einmal, sich auf die anderen im Raum zu konzentrieren statt nur auf sich selbst. Was passiert mit Ihnen, sind Sie sicher, dass Sie ängstlich oder benachteiligt sind? Wie wütend sind Sie eigentlich? Holen Sie sich aus diesem negativen Zustand heraus.

**Schritt 2:** Durchschauen Sie die Situation. Das kenne ich schon, das passiert jedes Mal. Das ist nichts Neues. So erlebe ich das schon immer. Ich habe überhaupt keine Lust, das fortzusetzen. Außerdem sind es immer die gleichen Personen, die mich dazu bringen, Opfer zu sein.

**Schritt 3:** Schauen Sie sich die negativen Gedanken an, die Sie über sich und andere haben. Stimmt es, dass alle immer gemein zu Ihnen sind? Wie wäre es, es so zu interpretieren: Sie haben gern mit Ihnen zu tun, sie wollen mehr von Ihnen, sie sind Ihnen wohlgesinnt! Nehmen Sie Ihren persönlichen Merkzettel zu Hilfe, um sich als erwachsenen und verantwortlichen Menschen zu unterstützen. Dort steht, was Sie können und warum andere Sie gern haben. Haben Sie das vergessen? Löschen Sie die alten negativen Gedanken und grübeln Sie nicht weiter über das Problem nach.

**Schritt 4:** Wählen Sie alternative Verhaltensweisen. Beim nächsten Mal bleibe ich in der Situation und wehre mich. Ich laufe nicht fort und werde lieber laut sagen, wie unglaublich wütend ich eigentlich bin. Beim nächsten Mal werde ich etwas sagen, wenn ich wütend werde. Ich werde persönlich die Verantwortung für mich und mein Leben übernehmen. Ich werde selbst entscheiden.

Denken Sie daran, dass es darum geht, wieder und wieder neue Gedanken und Verhaltensweisen zu trainieren, bis Sie diese beherrschen. Das ist nicht leicht, aber so ist es mit allem, was neu und ungewohnt ist. Geben Sie sich selbst die Chance, sich besser zu fühlen!

## Was tun, wenn Sie unter Kontrollzwang leiden?

Ein starkes Kontrollbedürfnis gegenüber sich selbst und anderen hat in der Regel Angst als Hintergrund. Einige haben am meisten Angst, verlassen zu werden, und versuchen, andere zu kontrollieren, damit diese nichts Unerwartetes tun oder zu selbstständig werden.

Andere ertragen die Hetze ihres eigenen inneren Kritikers nicht, der ihnen ständig weismachen will, etwas sei falsch, schlecht durchdacht, leichtsinnig oder unordentlich. Sie sind sehr penibel mit sich selbst, Ihren Kindern und Ihrem Partner.

1. Arbeiten Sie daran, Ihren inneren Kritiker zu durchschauen. Solange Sie an der Erklärung festhalten, es seien die anderen, mit denen etwas nicht stimmt, werden Sie nicht weiterkommen. Wie lautet der Inhalt der Kritik an Ihnen selbst und anderen? Was könnte misslingen?
2. Trainieren Sie, andere in Ruhe und ohne Ihr Eingreifen sich entfalten zu lassen. Was kann eigentlich schiefgehen? Sind Sie auf das Äußere fixiert, sorgen Sie sich, was die Nachbarn oder andere über Sie und Ihre Familie denken? Denken Sie daran, dass hier der innere Kritiker am Werk ist. Geben Sie ihm nicht zu viel Macht!

3. Sind Sie eher perfektionistisch orientiert, ist nur das Perfekte gut genug für Sie und Ihre Familie? Trainieren Sie, darauf zu pfeifen, üben Sie, selbst weniger perfekt zu wirken. Setzen Sie sich in Ihrem Job kurze Fristen, damit Sie trotz Feinschliff und Verbesserungen mit der Aufgabe fertig werden.
4. Versuchen Sie nicht, anderen immer eine Nasenlänge voraus sein zu wollen. Das bedeutet in der Regel, sich Sorgen zu machen und nicht in der Lage zu sein, im Hier und Jetzt zu leben. Hier und jetzt findet das Leben statt. Ihr Verhalten führt nur dazu, dass Sie das Gefühl haben, lieblos zu sein und nicht am Leben teilzunehmen, es macht Sie oft wütend und neidisch auf diejenigen, die am Leben teilnehmen.
5. Leiden Sie unter ständig kreisenden Gedanken, Unruhe und Schlafstörungen? Kreieren Sie Katastrophenszenarien? Dies sind die Aktivitäten Ihres inneren Kritikers, der versucht, Ihnen einzureden, Sie seien in Gefahr, und die einzige Rettung sei es, auf alles zu hören, was er Ihnen sagt. Stellen Sie sich vor, Sie besäßen eine große Schere und könnten üben, Gedanken „wegzuschneiden“.
6. Was passiert mit Ihnen, wenn Sie bei einer Aufgabe versagt oder jemanden enttäuscht haben? Welchen Katastrophen werden Sie oder andere ausgesetzt werden? Vergleichen Sie es mit dem, was in der Wirklichkeit geschieht!
7. Üben Sie, sich zu blamieren und Dinge zu tun, in denen Sie nicht gut sind. Lernen Sie, Ihre Unvollkommenheit zu genießen.

**Trainingshandbuch**

Um aus der Rolle des Kontrollfreaks herauszukommen, machen Sie zunächst die im Kapitel „Auswege aus festgefahrenen Verhaltensweisen" beschriebenen Übungen.

### Übung

**Schritt 1:** Beschreiben Sie den Zustand, in dem Sie sich als Kontrollfreak bezeichnen, so genau wie möglich: Ich muss Kontrolle und Steuerung haben. Habe ich diese nicht, werde ich unruhig, ängstlich und unsicher. Spüren Sie nach, wo im Körper Sie diesen Drang lokalisieren können.

**Schritt 2:** Entsteht dieser Zustand in speziellen Beziehungen oder Situationen? Immer, wenn ich am Arbeitsplatz bin, jedes Mal, wenn ich finde, dass andere nicht das machen, was Sie sollen. Jedes Mal, wenn ich mit Freunden zusammen bin, die nie Verantwortung übernehmen. Wenn jemand etwas Unerwartetes tut. Jedes Mal, wenn ich unruhig werde, weil nicht alles unter Kontrolle ist.

**Schritt 3:** Was denken Sie über andere und über sich selbst? Die verstehen gar nichts, die sind träge, dumm, ungenau und verantwortungslos. Immer muss ich die Verantwortung übernehmen. Immer muss ich in dem ganzen Chaos aufräumen. Ich bin ein Idiot, dass ich das überhaupt mache.

**Schritt 4:** Welches Verhalten ist typisch für Sie? Ich schaffe Ordnung, ich mache am liebsten alles selbst, das geht viel schneller. Ich sage deutlich, dass alles, was die anderen machen, falsch ist.

Beim Durcharbeiten dieser Punkte werden Sie Klarheit darüber erlangen, wann Sie die Kontrolle übernehmen, was Sie denken und wie Sie sich verhalten. Ist es jedes Mal gleich? Versuchen Sie, diesen kritischen Situationen zu entkommen, indem Sie alternative Strategien entwickeln: eine andere Art aufzutreten, andere Gedanken, andere Erklärungen. Was können Sie anders machen?

### Übung

**Schritt 1:** Konzentrieren Sie sich darauf zu entspannen. Seien Sie hier und jetzt anwesend. Sie müssen gar nichts.

**Schritt 2:** Durchschauen SIe die Situation. Das kenne ich schon, das passiert jedes Mal. Es sind die gleichen Faulpelze, die mich jedes Mal dazu zwingen, Ordnung zu machen. Ich kann es einfach nicht sein lassen, es endet sonst alles im Chaos.

**Schritt 3:** Durchschauen Sie Ihren inneren Kritiker. Schauen Sie sich an, was Sie über die anderen und über sich selbst denken und aufgeschrieben haben. Sind das die einzigen Gedanken, die wahr sind? Glauben Sie wirklich daran? Könnte es sich um eine alte Gewohnheit handeln, dass Sie nicht in der Lage sind, diese Unruhe zu spüren? Nehmen Sie Ihren persönlichen Merkzettel zu Hilfe. Was würden Sie über andere denken, die genauso kontrollsüchtig sind wie Sie? Würden Sie das mögen? Löschen Sie die alten negativen Gedanken und grübeln nicht weiter über das Problem nach.

**Schritt 4:** Wählen Sie alternative Verhaltensweisen. Beim nächsten Mal lasse ich das Organisieren sein. Die können das selbst machen, ich rühre keinen Finger mehr. Ich werde still dasitzen und die Unruhe wahrnehmen. Ich werde stattdessen beginnen, um Hilfe zu bitten. Das werde ich die ganze Woche trainieren.

Denken Sie daran, dass es darum geht, wieder und wieder neue Gedanken und Verhaltensweisen zu trainieren, bis Sie diese beherrschen. Das ist nicht leicht, aber so ist es mit allem, was neu und ungewohnt ist. Geben Sie sich selbst die Chance, sich besser zu fühlen!

## Was tun, wenn Sie ständig Aufgaben vor sich herschieben?

Sie haben die Tendenz, gewisse Aufgaben zu meiden, wie Aufräumen, Papierarbeiten, Reparaturen oder die Klärung zwischenmenschlicher Affären. Sie vermeiden es, das unangenehme Thema in den Fokus zu rücken, um nicht mit unbehaglichen Gedanken darüber konfrontiert zu werden, etwas nicht zu können, zu sollen oder zu müssen. Doch die vermiedenen Themen häufen sich somit an, werden noch unangenehmer, unüberwindbarer und können mit der Zeit zu einem realen Problem werden.

Denken Sie daran, dass jede sinnvolle Aktivität eine Möglichkeit ist, Ihre Stimmung zu verbessern. Wenn Sie nichts tun, werden Sie sich im Strom negativer Gedanken verfangen. Tun Sie etwas, werden Sie vorübergehend von Ihrem selbstverurteilenden inneren Dialog abgelenkt und die Erfahrung, etwas zu schaffen, wird einen Teil Ihrer negativen Gedanken widerlegen, die Sie ursprünglich am Handeln gehindert haben. In erster Linie ist es Ihr innerer Kritiker, der ungehindert mit Ihnen spielt. Führen Sie Kritikertagebuch! Hier sind einige Strategien, die der Kritiker anwendet, um Sie zu lähmen. Versuchen Sie zu durchschauen, wie Sie selbst funktionieren:

1. Sie denken, Aktivität sei sinnlos. Sie haben vergessen, dass Sie sich früher einmal besser gefühlt haben, und glauben, der Mangel an Motivation und Freude sei ein andauernder Zustand. Etwas zu tun, um sich selbst zu helfen, wirkt sinnlos. Sie können sich nicht vorstellen, dass Aktivität Ihnen helfen würde, sich besser zu fühlen, denn das schlechte Gefühl wird durch Faktoren bestimmt, die außerhalb Ihrer Kontrolle liegen. Wenn Sie so denken, werden Sie in einen Zustand der Hoffnungslosigkeit und Hilflosigkeit geraten. Denken Sie daran: Dieser Zustand wird durch Ihre eigenen negativen Gedanken ausgelöst!
2. Es gibt verschiedene Arten, sich selbst zu Aktivität zu überreden. Sie müssen nicht alles auf einmal tun! Unterteilen Sie die zu bewältigende Aufgabe in überschaubare Häppchen, sodass Sie alles nach und nach tun können. Teilen Sie Ihre Aufgaben in ein- bis zweistündige Arbeitseinheiten auf. Erstellen Sie keine langen Listen, auf denen Sie über Prioritäten nachdenken. Es ist wichti-

ger, dass Sie handeln, als dass Sie eine fantastische Prioritätenliste aufsetzen!

3. Hören Sie auf, sich negative Aufkleber anzustecken! Je länger Sie passiv sind, desto stärker verurteilen Sie sich selbst. Widersprechen Sie der inneren Stimme, die sagt, Sie seien untauglich, faul und hoffnungslos. Was für andere, frühere Erfahrungen haben Sie mit sich selbst? Was können Sie gut? Was tun Sie gern?
4. Sie machen sich selbst zum Verlierer, indem Sie unerreichbare Ziele oder Standards für das festlegen, was Sie tun wollen. Das ist eine typische Perfektionismusfalle. Weil Sie Angst haben, nichts Fantastisches zu schaffen (was Ihnen vielleicht Selbstwertgefühl zurückgeben könnte?), meinen Sie, es sei am besten, es gar nicht erst zu versuchen. Vielleicht ist es an der Zeit, die Ziele, die Sie sich setzen, mit jemandem zu diskutieren, der es gut mit Ihnen meint, und den Mut zu haben, demjenigen zu vertrauen.
5. Aufgrund Ihrer Versagensangst kann Erfolg noch riskanter wirken als Versagen, denn er muss auf einem Zufall beruhen. Daher sind Sie überzeugt, Erfolg könne nicht beständig sein. Wenn die Wahrheit – „Eigentlich bin ich ein Versager!“ – schließlich ans Licht kommt, wird die Enttäuschung darüber, die Erwartungen der anderen nicht erfüllt zu haben und von ihnen zurückgewiesen zu werden, unerträglich sein. Erfolg kann auch zur Folge haben, dass die Erwartungen der anderen steigen. Da Sie das Gefühl haben, die Erwartungen anderer erfüllen zu

müssen, es aber nicht können, ist es besser, die Kontrolle zu behalten, indem Sie inaktiv bleiben. Die Fähigkeit, zum eigenen Erfolg zu stehen und sich über das zu freuen, was uns gelingt, ist eine wesentliche Eigenschaft für alle, die an sich selbst arbeiten. Verwenden Sie das Trainingsbuch und halten sich an die Fakten!

6. Ein Todfeind der Motivation ist der Gedanke, unter Druck zu stehen. Sie empfinden einen intensiven Druck, etwas leisten zu müssen, sowohl von außen als auch von innen. Dies geschieht, wenn Sie versuchen, sich mit „soll, sollte und muss" zu motivieren. Das führt dazu, dass Sie sich gezwungen, gedrängt, angespannt, angeklagt und schuldig fühlen. Sie besetzen jede einzelne Aufgabe mit einer solchen Unlust, dass Sie es nicht schaffen, sie anzupacken. Lassen Sie nicht zu, das Ihr innerer Kritiker Ihre Lust und Motivation übernimmt und sie zu seiner eigenen macht. Überprüfen Sie, ob „Ich muss" nicht vielmehr eine schlechte Übersetzung für „Ich habe Lust zu …" ist.
7. Wenn Sie generell Angst vor Zurückweisung und Kritik haben, ist es leicht zu glauben, beim Ausprobieren neuer Dinge werde jeder Fehler und jede Unregelmäßigkeit verurteilt und kritisiert. Keiner mag etwas akzeptieren, das nicht perfekt ist, deshalb ist es das Beste, „den Ball flach zu halten", um sich nicht zu blamieren. Möglicherweise sind Sie in der Vorstellung gefangen, mit Ihnen stimme etwas nicht, Sie würden anderen schaden. Auch in diesem Fall müssen Sie den inneren Kritiker zu fassen

bekommen, ihn durchschauen und den Mut haben zu handeln: Bitten Sie um Feedback!

8. Vielleicht haben Sie eine niedrige Frustrationsgrenze und sind der Meinung, Sie sollten jede Aufgabe bewältigen und alle Ziele rasch und einfach erreichen können. Wenn das Leben Ihnen aber Widerstand leistet, reagieren Sie ängstlich und wütend. Sie wehren sich gegen diese Ungerechtigkeit, indem Sie völlig aufgeben. Sie finden, Sie verdienten etwas Besseres im Leben. Sie haben sich ein Bild gemacht, wie Ihr Leben sein sollte, und wenn die Realität nicht mit Ihrem Bild übereinstimmt, weisen Sie die Realität zurück, statt Ihre Erwartungen zu verändern. Sprechen Sie mit anderen, und holen Sie sich Hilfe, um die Realität akzeptieren zu lernen.

**Trainingshandbuch**

Um die Handlungsunfähigkeit abzuschütteln, machen Sie zunächst die im Kapitel „Auswege aus festgefahrenen Verhaltensweisen“ beschriebenen Übungen.

### Übung

**Schritt 1:** Beschreiben Sie den Zustand, den Sie als Handlungsunfähigkeit bezeichnen, so genau wie möglich: Ich habe Angst, bin rastlos, zittere, bin gestresst und werde apathisch. Spüren Sie nach, wo im Körper dieses Gefühl sitzt. Ist Ihr gesamter Körper gelähmt?

**Schritt 2:** Entsteht dieser Zustand immer in den gleichen Situationen? Jedes Mal, wenn mich jemand kritisiert, etwas von mir verlangt oder erwartet, ermatte ich. Es sind immer die gleichen Quengler, die dieses Gefühl auslösen. Alle erwarten ständig etwas von mir und verlangen, dass ich etwas tun soll.

**Schritt 3:** Was denken Sie über andere und sich selbst? Die verlangen ständig etwas von mir. Die erwarten Erfolg. Die wollen, dass ich die ganze Zeit tüchtig bin. Ich ertrage dieses Quengeln nicht mehr. Lasst mich in Ruhe. Ich habe sowieso nichts zu sagen oder beizutragen.

**Schritt 4:** Welches Verhalten ist typisch für Sie? Ich erstelle gern Listen, schmiede Pläne, bin detailliert und gründlich. Ich bereite mich mehrere Tage vor, damit alles perfekt wird. Wenn ich etwas tun soll, ziehe ich mich zurück, bleibe zu Hause und setze mich vor den Fernseher. Ich neige dazu, auszuweichen, und lasse mich krankschreiben, um nichts leisten zu müssen.

Beim Durcharbeiten dieser Punkte werden Sie Klarheit darüber erlangen, wann Sie passiv sind, was Sie denken und wie Sie sich verhalten. Ist es jedes Mal gleich? Versuchen Sie, dieser kritischen Situation zu entkommen, indem Sie alternative Strategien entwickeln: eine andere Art aufzutreten, andere Gedanken, andere Erklärungen. Was können Sie anders machen?

### Übung

**Schritt 1:** Sie waren nicht immer so passiv und ausweichend. Versuchen Sie etwas Neues. Konzentrieren Sie sich auf die Realität dort draußen. Versuchen Sie sich selbst zu aktivieren.

**Schritt 2:** Versuchen Sie, die Situation zu durchschauen. Das kenne ich schon, das passiert jedes Mal. Ich habe das schon viele Male erlebt.

**Schritt 3:** Durchschauen Sie Ihren inneren Kritiker. Schauen Sie sich die Gedanken an, die Sie aufgeschrieben haben. Sind das die einzigen Gedanken, die wahr sind? Stimmt es, dass alle etwas von Ihnen erwarten, oder sind Sie das selbst? Die anderen finden, dass das, was ich tue, gut genug ist. Ich habe nie irgendwelche Klagen gehört, wenn ich erst einmal etwas getan habe. Nehmen Sie Ihren persönlichen Merkzettel zu Hilfe. Dort stehen Ihre Fähigkeiten und was Sie können. Haben Sie das vergessen? Löschen Sie die alten negativen Gedanken und grübeln Sie nicht weiter nach.

**Schritt 4:** Wählen Sie alternative Verhaltensweisen. Ich werde das tun, was ich selbst für gut genug halte, und nicht mehr. Ich werde Dinge vorzeigen und nicht zu Hause bleiben, weil ich denke, dass sie mehr verlangen. Ich werde aktiver sein, öfter handeln, Aufgaben in kleinere Schritte aufteilen, um Hilfe bitten.

Denken Sie daran, dass es darum geht, wieder und wieder neue Gedanken und Verhaltensweisen zu trainieren, bis Sie sie beherrschen. Das ist nicht leicht, aber so ist es mit allem, was neu und ungewohnt ist. Geben Sie sich selbst die Chance, sich besser zu fühlen.

## Was tun, wenn Sie unter diffusen Schmerzen leiden?

Sie kennen den Begriff Somatisierung: Sie haben ein wenig bewusstes Verhältnis zu Ihren inneren Konflikten, Gefühlen und Bedürfnissen, Ihr Körper aber reagiert dennoch mit Anspannung, Schmerzen. Das ist, als versuche ein tiefer gelegener Teil Ihres Bewusstseins, Ihnen eine Botschaft zu schicken oder Sie auf etwas aufmerksam zu machen, was Sie wissen oder worauf Sie Rücksicht nehmen sollten. Vielleicht möchten Sie am liebsten nichts von der Botschaft wissen. „Ich bin traurig" kann beispielsweise eine problematische Nachricht sein, mit der ein Selbstbild, das sich als durchsetzungsstark und unabhängig empfindet, nicht umgehen kann. „Ich bin wütend" passt vielleicht nicht zum Selbstbild lieb und gekränkt. Diese Art von Symptomen hat Parallelen zur Fehlinterpretation, doch hier hat sich das unbehagliche Gefühl auf den Körper übertragen, und die Botschaft ist schwerer zugänglich.

1. Die nahe liegende Frage ist: Sind Sie zu streng mit sich selbst? Zwingen Sie sich, ständig etwas zu leisten? Sind Sie genauso gut darin, sich zu entspannen, zu erholen und zu genießen? Viele tapfere Menschen haben Schmerzen. Wenn es auch Ihnen so ergeht, ist es vielleicht an der Zeit, sich zu fragen, welche Rolle Tapferkeit für Ihr Selbstbild spielt. Wie wäre es, wenn Sie etwas gleichgültiger wären, mehr den anderen überließen und den Dingen ihren Lauf ließen? Welche Konsequenz hat es, wenn Sie Ihren Anspruch ein wenig herunterschrauben? Sind es Sie oder sind es die anderen, die dies nicht ertragen?

2. Ist Ihnen die äußere Fassade wichtig? Haben Sie Angst, durchzufallen und sich zu blamieren oder nicht fantastisch genug zu sein? Entlarvt zu werden? Dann haben Sie gute Voraussetzungen dafür, Kopf-, Nacken- und Muskelschmerzen zu entwickeln. Vielleicht beeinflusst diese Angst auch Ihre Verdauung.
3. Reagieren Sie körperlich auf Stress, Meckern und Genervtheit? Dann müssen Sie Rücksicht darauf nehmen und Ihren Körper mit Bewegung und Fitnesstraining gesund halten. Je besser Sie Ordnung in Ihre seelische Verfassung bringen, desto geringer ist das Risiko, dass die Dinge sich in Ihrem Körper festsetzen.
4. Versuchen Sie, sich Ihrer körperlichen Reaktionsmuster bewusst zu werden, und lernen Sie nachzuspüren. „Jetzt ist mein Nacken wieder angespannt, warum ist das so?" „Jetzt verkrampfe ich wieder den Kiefer. Gibt es etwas, worauf ich reagiere, oder ist das nur mein altes automatisches Muster? Wie kann ich mich entspannen?" Sie werden merken, dass alte Verspannungsmuster sich auch dadurch am Leben erhalten, dass sich derartige Verspannungen normal anfühlen. Wenn Sie es schaffen, die Anspannung zu verringern, wird sich das ungewohnt und möglicherweise verunsichernd anfühlen.

**Trainingshandbuch**

Um aus Schmerz und Anspannung herauszukommen, machen Sie zunächst die im Kapitel „Auswege aus festgefahrenen Verhaltensweisen" beschriebenen Übungen.

### Übung

**Schritt 1:** Beschreiben Sie den Zustand, den Sie als Schmerz- und Anspannungszustand bezeichnen, so genau wie möglich: Spüren Sie nach, wo im Körper dieses Gefühl sitzt und was für Sie normal ist. Wo spüren Sie es, wenn Sie angespannt sind? Seien Sie präzise. Wo haben Sie normalerweise deutliche Schmerzen?

**Schritt 2:** Wenn ich Emotionen wie Schuldgefühl, Panik oder Wut habe. Wenn ich wütend bin oder ein anderer wütend ist, wenn jemand mich verlässt, wenn ich traurig oder ängstlich bin und mich nicht traue, dies zu sagen. Wenn ich erschöpft bin, mich lange Zeit zusammengerissen habe und dessen überdrüssig bin, bekomme ich Schmerzen. Die Schmerzen kommen immer dann, wenn jemand etwas von mir erwartet.

**Schritt 3:** Was denken Sie über sich selbst und andere? Mit mir ist etwas ernsthaft nicht in Ordnung. Ich bin krank, aber niemand nimmt mich ernst. Keiner hat Mitleid mit mir. Die anderen sind immer gesund. Alle denken, dass ich nur simuliere, die verstehen nicht, wie erschöpft ich eigentlich bin. Ich bin ein Angsthase, immer angespannt und ängstlich. Ich kann die anderen nicht belasten, das ist erniedrigend. Wäre ich nicht krank, könnte ich …

**Schritt 4:** Welches Verhalten ist typisch für Sie? Ich ziehe mich zurück, fahre nach Hause. Ich isoliere mich und habe keine Kraft, etwas zu tun. Ich jammere und klage selten, nur ein bisschen denen gegenüber, die mir am nächsten stehen. Ich muss mich hinlegen, wenn ich in diesem Zustand bin. Ich schaffe es nicht, auf eine Party oder aus dem Haus zu gehen.

Beim Durcharbeiten dieser Punkte werden Sie Klarheit darüber erlangen, wann Sie unter diffusen Schmerzen leiden, was Sie denken und wie Sie sich verhalten. Ist es jedes Mal gleich? Versuchen Sie, dieser kritischen Situation zu entkommen, indem Sie alternative Strategien entwickeln: eine andere Art aufzutreten, andere Gedanken, andere Erklärungen. Was können Sie anders machen?

### Übung

**Schritt 1:** Sie haben untersuchen lassen, dass es sich nicht um körperliche Schmerzen handelt. Konzentrieren Sie sich auf die äußere Realität, seien Sie im Hier und Jetzt anwesend. Sie wissen, dass das nicht gefährlich ist.

**Schritt 2:** Versuchen Sie, die Situation zu durchschauen. Das kenne ich schon, das passiert jedes Mal. Oft sind es die gleichen Personen, die diese Reaktion bei mir auslösen.

**Schritt 3:** Durchschauen Sie die Katastrophengedanken, Krankheitsgedanken, Gedanken über Ihren Körper. Schauen Sie sich die Gedanken an, die Sie aufgeschrieben haben. Sind das die einzigen Gedanken, die wahr sind? Sie wissen ja, dass Sie im Grunde nicht krank sind, Sie bedienen sich des Schmerzes, um Gefühle von sich fernzuhalten. Nehmen Sie Ihren persönlichen Merkzettel zu Hilfe. Haben Sie vergessen, was dort über Sie steht? Wie könnte eine andere rationale Denkweise aussehen? Was würden Sie über andere in der gleichen Situation denken? Löschen Sie die alten negativen Gedanken und grübeln Sie nicht weiter über das Problem nach. Denken Sie über die Erlebnisse nach, die Sie hatten, als klar war, dass Sie gesund sind. Passen

Sie auf, dass Sie nicht Ihre eigene Identität mit der Identität „krank" verwechseln. Was sind Sie noch, gibt es noch andere interessante Dinge an Ihnen?

**Schritt 4:** Wählen Sie alternative Verhaltensweisen. Ich werde beim Arzt untersuchen lassen, ob ich eine ernst zu nehmende Krankheit habe. Wenn das nicht der Fall ist, werde ich beim nächsten Mal in der Situation bleiben und nicht nach Hause gehen. Ich werde mit jemandem sprechen und sagen, welche Schmerzen ich habe, aber dass ich mir darüber bewusst bin, dass der Schmerz nicht von einer Krankheit herrührt. Ich bin gesund, habe aber Schmerzen. Ich werde mich konzentrieren und mit anderen in Kontakt sein.

Denken Sie daran, dass es darum geht, wieder und wieder neue Gedanken und Verhaltensweisen zu trainieren, bis Sie sie beherrschen. Das ist nicht leicht, aber so ist es mit allem, was neu und ungewohnt ist. Geben Sie sich selbst die Chance, sich besser zu fühlen!

## Was tun, wenn Sie unter Abhängigkeit leiden?

Ursprünglich gibt es viele Gemeinsamkeiten zwischen verschiedenen Formen von Abhängigkeit, sei es Essen, Rauschmittel, Tabletten, Sport, Sex oder Spiel. Ein Merkmal ist häufig die fehlende Klarheit über die eigenen Gefühle und Bedürfnisse. Das bietet Raum für deren Fehlinterpretation als Unruhe oder Unbehagen. Sich überessen, sich übergeben, der Gebrauch von Rauschmitteln, Tabak oder Tabletten dämpfen den Impulsdruck und verleihen eine Art innerer Ruhe. Das Gleiche passiert durch Training, Sex oder Spielsucht. „Jetzt denke ich nur daran. Wenn ich nur … bekomme, dann werde ich ruhig." Oft beginnt die Abhängigkeit als eine angenehme oder spannende Art und Weise, dem Alltag zu entfliehen.

Sie haben kein Problem. Nach einer Weile sind vielleicht andere der Meinung, dass Sie ein Problem haben, wenn Sie es nicht schaffen, es geheim zu halten und sie zu belügen. Dann entwickelt es sich zu einem Problem, das Sie selbst erkennen müssen, weil es entweder gesundheitliche, finanzielle oder soziale Konsequenzen nach sich zieht. Ist das Problem ernst, probiert man vielleicht einen neuen Partner, ein neues Umfeld, neue Freunde oder einen anderen Lebensstil aus. Am Ende aber sitzt man mit demselben Problem da, das nun nur noch größer geworden ist. Dann kann es sein, dass Sie professionelle Hilfe benötigen. Deshalb können Ihnen die Übungen auch nur eine Richtung aufzeigen. Wenn Sie in der Anfangsphase sind, arbeiten Sie daran, zu mehr Klarheit zu gelangen:

1. Was drückt die Unruhe oder die Sucht eigentlich aus? Versuchen Sie, Ihrer Unruhe nicht mit Aktivität zu begegnen. Seien Sie neugierig. Wenn Sie sich beispielsweise regelmäßig überessen: Vermissen Sie vielleicht etwas anderes als Essen? Wie ist es mit Ihrem Kontakt in engen Beziehungen? Zeigen Sie genug von sich selbst? Sagen Sie etwas darüber, was Sie vermissen und was Sie fühlen?

2. Wenn die Sucht kommt, sitzen oder liegen Sie still da, spüren Sie in sich hinein: Was spüren Sie? Erinnert Sie das an ein Gefühl, das Sie wiedererkennen? Erinnert Sie das an eine Sehnsucht? Schaffen Sie es, dieses Gefühl jetzt als Erwachsener zu ertragen?
3. Heimlichtuerei und Lüge sind gefährlich für Sie. Sie tragen dazu bei, den Druck im Teufelskreis aufrechtzuerhalten. Sprechen Sie mit Ihrer Familie und Ihren Freunden offen über Ihr Problem und bitten Sie um Unterstützung dabei, selbst wieder das Steuer in die Hand nehmen zu können. Bitten Sie darum, anrufen zu dürfen, wenn Sie Angst haben zu platzen. Erklären Sie ihnen, was Sie aus der Balance bringt und was sie während Ihrer gemeinsamen Zeit tun können, um Ihre Situation zu verbessern.
4. Alle Formen von Abhängigkeit haben ihre Auslöser und Zündmechanismen. Erstellen Sie eine schriftliche Übersicht über Ihre positiven Auslöser, die Ihnen Lust machen, sich zu überessen, Alkohol zu trinken oder zu spielen. Legen Sie eine Liste über die negativen Auslöser an, mit denen Sie dem unbehaglichen Gefühl entfliehen möchten. Oft erleben wir, dass Themen wie Zurückweisung, Selbstkritik, schlechtes Selbstwertgefühl, der Vergleich mit anderen, Unzulänglichkeit und Mangel an Kontakt in verschiedenen Varianten auftreten.
5. Knüpfen Sie ein Sicherheitsnetz. Vermeiden Sie Situationen, Orte und Milieus, die für Sie Auslöser sind. Entwickeln Sie Strategien dafür, wie Sie Unruhe und Sucht

handhaben können, indem Sie sich aktivieren. Nehmen Sie Kontakt mit jemandem auf, der Ihre Situation kennt, sprechen Sie mit ihm oder ihr, bitten Sie um Hilfe oder besuchen ihn oder sie. Versuchen Sie Klarheit darüber zu erlangen, worum es bei Ihrer Unruhe geht.

6. Das Testen ist eine typische Falle für alle Arten von Abhängigkeit. „Jetzt habe ich die Kontrolle. Jetzt werde ich es mir selbst beweisen, indem ich ein einziges Glas trinke …" Das ist eine typische falsche Spur. Sie müssen Ihr Selbstwertgefühl entwickeln, indem Sie sich beweisen, dass Sie es ohne Drink oder Pillen schaffen! Es wird Ihnen kein Selbstwertgefühl vermitteln, erfolgreich ein Glas zu trinken. Was ist mit zweien? Schaffen Sie auch drei? Glauben Sie, das vermittelt Ihnen Selbstwertgefühl?

**Trainingshandbuch**

Um aus der Abhängigkeit herauszukommen, machen Sie zunächst die im Kapitel „Auswege aus festgefahrenen Verhaltensweisen" beschriebenen Übungen.

### ||| Übung

**Schritt 1:** Beschreiben Sie den Zustand, den Sie als Abhängigkeit bezeichnen, so genau wie möglich: Ich muss essen, ich muss Sex haben, ich muss Tabletten haben, ich halte die Unruhe nicht aus. Ich habe Angst, bin rastlos, zittere, bin gestresst. Spüren Sie nach, wo im Körper das Gefühl zu finden ist: im Magen, in der Brust?

**Schritt 2:** Entsteht dieser Zustand in speziellen Situationen? Jedes Mal, wenn ich mit jemandem zusammen weggehe, kommt der Drang. Wenn ich allein bin und die Gedanken auf mich einströmen, wenn ich mich ungerecht behandelt und zurückgewiesen fühle, wenn ich einsam bin.

**Schritt 3:** Was denken Sie über sich selbst und andere in diesem Zustand? Keiner mag mich, immer kritisieren sie mich, ich bin dumm. Niemand darf es erfahren. Ich schäme mich so sehr. Die werden mich verurteilen und nie wieder etwas mit mir zu tun haben wollen.

**Schritt 4:** Welches Verhalten ist typisch für Sie? Ich werde ganz zittrig, unruhig, bekomme Herzklopfen, kaufe Alkohol oder Essen. Ich erzähle niemandem von meinem Geheimnis, ich ziehe mich zurück, fahre nach Hause, isoliere mich und nehme keinen Kontakt auf. Dann trinke ich oder führe eines meiner Abhängigkeitsrituale aus: Ich gehe zum Pferderennen, ich spiele am Automaten.

Beim Durcharbeiten dieser Punkte werden Sie Klarheit darüber erlangen, wann das Gefühl der Abhängigkeit droht, was Sie denken und wie Sie sich verhalten. Ist es jedes Mal gleich? Versuchen Sie, diesen kritischen Situationen zu entkommen, indem Sie alternative Strategien entwickeln: eine andere Art aufzutreten, andere Gedanken, andere Erklärungen. Was können Sie anders machen?

### Übung

**Schritt 1:** Halten Sie die Unruhe und das Unbehagen aus, bis es vorbei ist. Lassen Sie sich nicht zu einer Handlung verleiten. Konzentrieren Sie sich auf etwas anderes. Seien Sie hier und jetzt anwesend.

**Schritt 2:** Versuchen Sie, die Situation zu durchschauen. Das habe ich die ganze Zeit gemacht. Das passiert immer wieder. Ich weiß ganz genau, wann es passiert. Ich weiß, wie es endet, und habe genug davon.

**Schritt 3:** Schauen Sie sich die Gedanken an, die Sie über die anderen und sich selbst haben. Sind Sie sicher: Stimmt es, dass alle Sie verurteilen? Sind Sie sicher, dass sie Sie nicht trotz Ihrer Abhängigkeit mögen werden? Sind das die einzigen Gedanken, die wahr sind? Nehmen Sie Ihren persönlichen Merkzettel zu Hilfe. Da steht, was Sie können und warum andere Sie gern haben. Wie könnte eine andere rationale Denkweise aussehen? Was würden Sie über andere in der gleichen Situation denken? Würden Sie sie ebenso stark verurteilen, wie Sie das mit sich selbst tun? Löschen Sie die alten negativen Gedanken und grübeln Sie nicht weiter über das Problem nach.

**Schritt 4:** Wählen Sie alternative Verhaltensweisen. Beim nächsten Mal mache ich gar nichts. Ich werde es aushalten und lieber jemanden anrufen. Ich werde meinen Freunden von meiner Schwäche und Abhängigkeit erzählen. Ich werde mich konzentrieren und Kontakt zu anderen aufnehmen, wenn der Drang kommt. Ich werde nachspüren, was ich brauche und was für Gefühle ich im Magen habe. Das werde ich jeden Tag trainieren.

Denken Sie daran, dass es darum geht, wieder und wieder neue Gedanken und Verhaltensweisen zu trainieren, bis Sie sie beherrschen. Das ist nicht leicht, aber so ist es mit allem, was neu und ungewohnt ist. Geben Sie sich selbst die Chance, sich besser zu fühlen!

### Was tun, wenn Sie schnell wütend werden?

Wenn Sie ständig auf kleine Dinge und die Unzulänglichkeiten anderer mit Wut und Genervtheit reagieren, kann es sinnvoll sein, Ihr Reaktionsmuster ein wenig genauer anzuschauen. Vielleicht haben Sie viele Gefühle, die etwas bei Ihnen auslösen, vielleicht übersetzen Sie alle Ihre Impulse falsch: in nur eine Art von Gefühlsausdruck, in Wut. Oder Sie sind vielleicht ziemlich ängstlich, haben Angst, die Kontrolle zu verlieren, und reagieren jedes Mal wütend, wenn jemand oder etwas Ihrer Kontrolle zu entgleiten scheint.

Es kann viel Selbstdisziplin erfordern, nicht nach außen zu reagieren, sondern es zu schaffen, neugierig darauf zu sein, was in Ihnen passiert. Realistisch gesehen gibt es wenige Dinge, auf die Wut eine natürliche Reaktion ist. Wenn jemand versucht, Ihnen zu schaden, Ihre Grenzen zu überschreiten, obwohl Sie diese klar aufzeigen, wenn jemand lügt und Ihr Vertrauen missbraucht, so können dies Beispiele sein, in denen Wut eine adäquate Reaktion darstellt. Wie wäre es, sich zurückzulehnen und es einfach auf sich beruhen zu lassen? Vielleicht ist dieses Unbehagen die treibende Kraft für Ihre Genervtheit.

1. Die erste Frage lautet: Sind Sie eigentlich wütend oder genervt? Versuchen Sie, gut nachzuspüren, besonders dann, wenn Sie meist mit Wut auf Situationen reagieren, in denen Sie emotional involviert sind. Registrieren Sie, welche Art von Gefühl und Reaktion Sie nicht kennen oder ausdrücken. Stellen Sie sich die Frage, ob irgendein Gefühl als Wut falsch interpretiert werden kann.
2. Welche Art von Situationen und welcher Typ Mensch kann Wut bei Ihnen auslösen? Erkennen Sie hier ein Muster? Gibt es etwas, das Sie als bedrohlich oder moralisch verwerflich erleben? Oft reagieren Sie auf Menschen, die Seiten zeigen, die Sie an sich selbst nicht akzeptieren wollen. „Wie können Menschen nur so sein!" Deshalb kann es wichtig sein, etwas über sich selbst zu lernen, indem Sie neugierig wahrnehmen, was in Ihnen ausgelöst wird.
3. Reagieren Sie auf die Trägheit, Hilflosigkeit, Passivität oder linkische Art anderer? Was ist denn daran eigentlich so schrecklich für Sie? Glauben Sie, dass es ansteckend ist? Wie würden Sie sich fühlen, wenn Sie selbst solche Wesenszüge hätten? Wie würde das zu Ihrem Selbstbild passen? Meinen Sie, das ändern zu müssen?
4. Reagieren Sie vielleicht wütend auf die Aktiven, Extravertierten und Eifrigen? Auf jene, die nie den Mund halten können und dafür verantwortlich sind, dass Sie nie zu Wort kommen? Auf jene, von denen Sie glauben, sie seien so verdammt klug und blickten auf andere herab? Wenn es das ist, was Sie aufwühlt und Wut auslöst, müssen Sie trainieren, Raum einzunehmen, sich auszu-

drücken und zu repräsentieren. Versuchen Sie lieber, die Extravertierten nachzuahmen und zu erkennen, wie Sie das Gleiche schaffen könnten. Wenn Sie sich unsicher und linkisch fühlen, sind Sie auf dem richtigen Weg.

5. Sind Sie ein Kontrollfreak, regen Sie sich über die schlampigen, ungeschickten Faulpelze auf, die völlig unzurechnungsfähig sind? Dann müssen Sie an der Wurzel Ihrer eigenen Angst arbeiten. Versuchen Sie, Dinge nicht so wichtig zu nehmen, sich ein wenig zu blamieren, riskieren Sie Dinge, von denen Sie nicht recht wissen, wie sie ausgehen. Das ist viel konstruktiver für Sie, als sich über andere aufzuregen. Versuchen Sie neugierig darauf zu sein, was andere in Ihnen auslösen, und verwenden Sie Zeit darauf, Ihren inneren Kritiker zu skizzieren, egal ob er nun Sie selbst oder andere kritisiert.
6. Benutzen Sie Ihre Wut dazu, um andere zu manipulieren, als einen Weg, Ihre Botschaft zu verpacken, um andere einzuschüchtern und so Recht zu bekommen? Das ist eine gängige Art, Menschen zu manipulieren, die kein so gutes Verhältnis zur eigenen Aggression haben. Moralisierende Verletzungen sind ein gängiges Mittel, um bei anderen Scham auszulösen und sich so Oberwasser zu verschaffen. Wie wäre es für Sie, den Griff zu lockern, wenn Sie diese Strategie anwenden? Haben Sie Angst, sich klein zu fühlen oder zu kurz zu kommen? Versuchen Sie es einmal. Sie werden vielleicht in einigen Punkten verlieren und mehr Nähe zu anderen aufbauen. Was ist das Wichtigste für Sie?

**Trainingshandbuch**

Um Ihre Wut zu überwinden, machen Sie zunächst die im Kapitel „Auswege aus festgefahrenen Verhaltensweisen“ beschriebenen Übungen.

### Übung

**Schritt 1:** Beschreiben Sie den Zustand der Wut so genau wie möglich: Ich schüttle mich, zittere und koche vor Wut. Ich heule und schreie, so laut ich kann, und sehe rot. Spüren Sie nach, wo im Körper das Gefühl zu finden ist: im Magen, in der Brust, im Kopf, im Hals?

**Schritt 2:** Wann werden Sie wütend? Jedes Mal, wenn mich jemand kritisiert, mich erniedrigt, mich ungerecht behandelt oder einfach nur geht. Jedes Mal, wenn sie mir widersprechen.

**Schritt 3:** Denken Sie überhaupt, wenn Sie wütend sind? Ist dies der Fall, was für negative Gedanken gehen Ihnen durch den Kopf? Ich lasse nicht auf mir herumtrampeln. Ich werde es ihnen zeigen. Die glauben, sie könnten einfach hier herkommen. Eigentlich bin ich ein Dummkopf, dass ich mich auf diese Weise gehen lasse. Ich sollte mich entspannen.

**Schritt 4:** Welches Verhalten ist typisch für Sie? Ich tobe mich aus und schreie noch lauter. Ich werde ganz zittrig, bekomme Herzklopfen und bin hinterher schweigsam. Dann ziehe ich mich voller Schuldgefühl zurück.

Beim Durcharbeiten dieser Punkte werden Sie Klarheit darüber erlangen, wann Sie wütend werden, was Sie denken und wie Sie sich verhalten. Ist es jedes Mal gleich? Versuchen Sie, dieser kritischen Situation zu entkommen, indem Sie alternative Strategien entwickeln: eine andere Art aufzutreten, andere Gedanken, andere Erklärungen. Was können Sie anders machen?

### Übung

**Schritt 1:** Müssen Sie jedes Mal aufbrausend reagieren? Versuchen Sie, über dem zu stehen, was passiert. Nehmen Sie wahr, wie es in Ihnen kocht, können Sie es so lassen, ohne zu schreien oder zu handeln? Seien Sie hier und jetzt anwesend. Versuchen Sie, sich ganz passiv zu verhalten.

**Schritt 2:** Versuchen Sie, die Situation wiederzuerkennen. Das kenne ich schon, und nun passiert es wieder. Es sind die gleichen Personen und die gleichen Aussagen, die mich so reagieren lassen.

**Schritt 3:** Schauen Sie sich die Gedanken an, die Sie aufgeschrieben haben. Kann es sein, dass die anderen es nicht so gemeint haben? Ist es wirklich so, dass Sie sich immer verteidigen müssen, wenn Sie merken, dass Sie wütend werden? Was wäre, wenn Sie eigentlich ängstlich sind? Nehmen Sie Ihren persönlichen Merkzettel zu Hilfe. Dort steht, was für positive Eigenschaften Sie haben und warum andere Sie gern haben. Haben Sie das vergessen? Wie könnte eine andere rationale Denkweise aussehen? Was würden Sie denken, wenn andere auf die gleiche Weise toben und schreien würden? Wäre das für Sie in Ordnung? Löschen Sie die alten negativen Gedanken und grübeln nicht weiter darüber nach, was mit Ihnen oder den anderen nicht stimmt.

**Schritt 4:** Wählen Sie alternative Verhaltensweisen. Beim nächsten Mal zähle ich bis 50. Ich werde passiv sein und weggehen. Ich werde mit den anderen in Kontakt bleiben. Ich werde sie fragen, was sie eigentlich meinen. Kann ich es missverstanden haben? Beim nächsten Mal werde ich, lange bevor ich wütend werde, Bescheid sagen, dass ich genervt bin. Ich werde es aushalten und lieber jemanden anrufen. Ich werde meinen Freunden von meiner Schwäche erzählen. Ich werde mich konzentrieren und in Kontakt mit anderen treten, wenn der Drang kommt. Ich werde üben, nachzuspüren, was ich brauche und was für Gefühle ich im Magen habe. Das werde ich jeden Tag trainieren.

Denken Sie daran, dass es darum geht, wieder und wieder neue Gedanken und Verhaltensweisen zu trainieren, bis Sie sie beherrschen. Das ist nicht leicht, aber so ist es mit allem, was neu und ungewohnt ist. Geben Sie sich selbst die Chance, sich besser zu fühlen!

**Timothy Patterson**

## Gelassenheit gewinnt

### Entdecken Sie das Geheimnis des Erfolgs

humboldt –
Psychologie & Lebensgestaltung
204 Seiten
12,5 x 18,0 cm, Broschur
ISBN 978-3-89994-155-5
€ 8,90

Gelassenheit ist eines der großen Geheimnisse des Erfolgs, ganz gleich, um welche Art von Erfolg es sich handelt. Dieses Buch hilft Ihnen, Schritt für Schritt gelassener zu werden. Es erklärt konkrete Techniken, Übungen und Tricks. Sie bekommen viele kleine Hinweise, mit denen Sie in der Summe grundlegende Veränderungen bewirken können. Eine einfache Methode, weder anstrengend noch zeitraubend, sondern in erster Linie ein Spiel im Kopf.

- Ein Buch für mehr Gelassenheit im Alltag
- Mit vielen praktischen Tipps, Beispielen und Übungen
- Amüsant und kurzweilig geschrieben

**Der Autor**
Timothy Patterson arbeitet als Therapeut (Eheberatung und Lebensberatung) in Berlin und Edinburgh, als Vortragsredner und Seminarleiter. Seine Methode beruht auf der Kombination seiner Studienfächer Psychologie und Film- und Theaterwissenschaften.

**www.humboldt.de** Stand August 2010. Änderungen vorbehalten.